星巴克流
好员工的培养法

[日] 毛利英昭 著

陆贝旎 译

为什么星巴克能够吸引人才？为什么星巴克的店员工作很愉快？为什么星巴克能够培养出通过自己思考做出判断并付诸行动，心怀热情、专注工作，具备团队精神、努力获得成功的员工？怎样才能激发人的"干劲"——答案就在本书之中！星巴克通过打造一个自律组织，加强了自身与合作伙伴及顾客之间的信任关系，并且成功地吸引了一批狂热的粉丝。星巴克成功的秘密在于其卓越的人才管理和人事制度，而这些制度能够正确发挥作用的大前提，正是星巴克所描绘的企业观。本书将为您解开星巴克的成功秘诀。

STARBUCKS-RYU SAIKONO SODATEKATA by Hideaki Mohri Copyright © Hideaki Mohri 2019
All rights reserved. Original Japanese edition published by Sogo Horei Publishing Co., Ltd.
Simplified Chinese translation copyright © 2021 by China Machine Press
This Simplified Chinese edition published by arrangement with Sogo Horei Publishing Co., Ltd., Tokyo, through HonnoKizuna, Inc., Tokyo, and Shanghai To-Asia Culture Co., Ltd.

本书由Sogo Horei Publishing Co., Ltd. 授权机械工业出版社在中华人民共和国境内（不包括香港、澳门特别行政区及台湾地区）出版与发行。未经许可的出口，视为违反著作权法，将受法律制裁。

北京市版权局著作权合同登记　图字：01-2020-1902号。

图书在版编目（CIP）数据

星巴克流：好员工的培养法/（日）毛利英昭著；陆贝旎译. —北京：机械工业出版社，2020.12
ISBN 978-7-111-67396-5

Ⅰ.①星… Ⅱ.①毛… ②陆… Ⅲ.①咖啡馆-连锁店-商业经营-经验-美国 Ⅳ.①F737.121.7

中国版本图书馆CIP数据核字（2021）第017690号

机械工业出版社（北京市百万庄大街22号　邮政编码100037）
策划编辑：坚喜斌　　　　责任编辑：坚喜斌　李佳贝
责任校对：李　婷　陈　越　责任印制：孙　炜
保定市中画美凯印刷有限公司印刷
2021年2月第1版·第1次印刷
145mm×210mm·7.125印张·1插页·122千字
标准书号：ISBN 978-7-111-67396-5
定价：59.00元

电话服务	网络服务
客服电话：010-88361066	机 工 官 网：www.cmpbook.com
010-88379833	机 工 官 博：weibo.com/cmp1952
010-68326294	金 书 网：www.golden-book.com
封底无防伪标均为盗版	机工教育服务网：www.cmpedu.com

前言 Preface

星巴克作为企业的魅力

"星巴克的员工为什么能那么开心地工作呢？"

关于星巴克，某位流通业精英曾这样问我。

"他们充满干劲的原动力是什么呢？他们的工作动机到底是什么呢？"他说他想知道这些问题的答案，而我则因为他的这些话对星巴克产生了强烈的兴趣。

星巴克在日本开设一号店，是在1996年8月。在那之前，我一直是美国星巴克的常客。而我完全没想到当时它在日本的普及速度如此之快。

这是为什么呢？因为当时日本的外食产业正处于通货紧缩时期。以麦当劳为首的餐饮巨头纷纷转向低价格策略，为了吸引外食热情已经冷却的消费者而竭尽全力。

此外，当时的日本已经存在许多价格适中、地段优越的咖啡店，市场已经饱和，新的咖啡店似乎很难进入。

在这种情况下，消费者会很容易就接受星巴克的定价吗？应该不只我一个人抱有这样的疑问。

而且，考虑到经营效率这一方面，我认为，与星巴克卖一杯咖啡以及让客人在店内消费所花的时间相比，其他现有的咖啡品牌连锁店能够以十倍的效率来推销自己的产品。

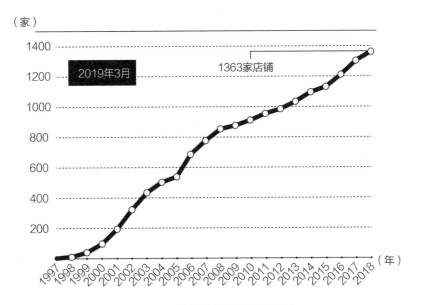

图0-1　日本星巴克店铺数量变化表

但是，我的想法马上就被证明是极其武断的。事实上，街上挤满了单手拿着星巴克杯子谈笑的年轻人，职场女性在充满香浓气味和舒适感的空间里享受着片刻的休息。

星巴克的店铺数量持续快速增长。2000年2月开设第一百号店铺，2001年10月开设第三百号店铺，2003年11月开设第五百号店铺——它以每年开设一百家分店的速度在日本全国扩大店铺网络。然后，在日本登场后的第五年，也就是2001年10月，星巴克日本成功上市。

虽然急速扩大店铺网络需要大量的投资，与专业咖啡市场的竞争越来越激烈，也经历了业绩明显下滑的时期，但星巴克在审视开设分店的战略、改革食材采购流程，以及最重要的为提高店铺运营能力而进行的人才教育等方面从来不曾怠慢。2009年3月末星巴克在日本国内店铺数量扩大至1415家。如今，提供高级咖啡体验的东京星巴克旗舰店"STARBUCKS RESERVE ROASTERY TOKYO"也已开张，星巴克还在不断进化之中。

我认为支撑着星巴克实现如此成长的是"人"，是人力资源管理的结构。星巴克并不是单纯地抓住潮流，扬帆正当时；它的魅力背后，隐藏着与众多企业完全不同的经营理念和人力资源管理方式。

人力资源管理的问题点

20世纪七八十年代，随着连锁销售行业的销售额不断增长，相关企业带着对发展前景的自信走上了产业扩大的路线。

但是，随着人口结构的变化和价值观的多样化发展，日本的市场已经进入了需要转变企业战略的时代。以数字增长为前提的销售额至上主义已经行不通了。

但多数企业似乎坚持认为"提高利润"是自身的最终目的,也是其价值所在。当它们意识到销售额至上主义行不通,于是便将原本应该投入在顾客身上的精力转移到压缩人事费用、降低制造和采购成本,以及削减经费等方面。而中层管理者则把成本控制当作所谓的"管理",变成了成本切割机。

泡沫经济崩溃后的这十几年里,在各行各业应该都有不少企业采取了同样的措施。当然,如果不这样做的话,也许这些企业的存续就很危险。

但是,这些措施造成大量的员工被裁掉,而留下来的员工也充满了疲惫感。

特别是在流通服务业,可以说,所有的不良后果都围绕着人力资源管理的问题。

勉强挤出的人事费用虽然有一时性的利益贡献,但其极限也已经到来。如果继续削减下去,那么企业就会面临立身之本遭到动摇的危险。

现在,人工不足的问题越来越严重。东京市中心的居酒屋连锁店中,越来越多的店铺必须借助外籍劳动者的力量才能营业。另外,地方上也有一部分店铺,因为招不到临时工,只能在年末或年初最繁忙的时候停业。

招工难也导致了人事费用增加。除了招聘成本上升,企业给出的最低工资和时薪也涨了。甚至有些店铺开出1200日元的时薪，依然招不到人。虽然除了时薪之外，上下班时间和排班等问题也是导致招工难的原因，但即便如此，像这样的情况也是十分异常的。

另外，员工待不长也是个大问题。很多店应该都有这样的烦恼：好不容易培养出一个可用之才，对方却辞职了。

"只要招募就会有人应聘，只要提高时薪就一定有人愿意被录取"——这样的业界"常识"已经过时了。

如果人手不够，就会给以店长为首的员工带来不良影响。比如，有的企业表面提倡遵守劳动法，实则要求下级店铺严格压缩人事费用，别无他法的店长们只能反复义务加班或者秘密出勤。听说甚至有的店长一天连续工作超过十五个小时，连休息的时间都无法保障。

在这样的店里，顾客当然不可能看到员工的笑脸，企业也无法指望他们提高工作质量。实际上，他们的状态就是为了拼命维持经营的现状而忍耐一切问题。

为什么会陷入这般境地呢？比起时代的大环境和时薪等表面问题，我认为还有更深层的问题存在。

是否具备充满吸引力的职场环境，以便员工更轻松地工作；评价和待遇是否公平透明；是否做出了让员工感受到工作价值的努力；是否实施了提高员工能力和工作热情的教育……我认为，企业已经迎来了重新审视人力资源管理方式的时期。

人力资源管理也需要变化

如果将流通服务业的人力资源管理分成两部分来考虑，大致可以分为"指令型"和"自律型"。

所谓"指令型"，是指将"应该做什么"的方针和"应该怎么做"的方法论，通过从高层向基层逐级进行指示的方法。

刚创业不久的公司往往是这种类型的典范，高层会按照自己的想法指示员工"应该做什么"和"应该怎么做"。

这样的公司是由老板一个人决策的，所以组织的生死取决于这位领导者的影响力和其个人的管理能力。

等公司逐渐发展壮大，建立了多家店铺，也就是实现了连锁化之后，老板的目光就很难到达组织的末端了，"指令型"的管理方式也会因此而受限。

于是，以反复作业为中心，企业开始彻底贯彻工作的标准化（Standardization）、简单化（Simplification）和专门化（Specialization），通过制定操作指南等方式确保所有员工都能保持一定水准的工作完成状态，并且控制产品的品质水平。

另外，企业还通过采购、产品供应和会计业务等的集中化（Centralization）建立了提高经营效率的机制。这就是被称为"3S+1C"的连锁经营系统。

这种管理模式的特征是,以从上到下的指令为中心进行统管,也就是说,"应该做什么"和"应该怎么做"的信息是自上而下传达的。同时,在这个过程中,信息又会被细分为不同的任务。极端地说,传达到基层店铺的信息不是指示就是命令。

既然是指示和命令,那么基层店铺就不需要考虑"为什么一定要这样做"或者"怎么做才能有效地达到目的"。

他们只要根据操作指南或者指令手册,认真地完成被交代的任务即可。上司会对他们完成的结果进行判断,提出改进要求。整个过程中,P(Plan,计划)- D(Do,执行)- C(Check,检查)- A(Action,处理)的管理周期似乎运转良好,只不过,其中几乎不存在"Why(为什么)"和"Think(思考)"这样的部分。

过去,很多连锁店都建立了此类基于中心控制的"指令型"中央集权体制。但是,时代不同了。如今,仅凭这种管理方式,企业显然是无法在市场竞争中获胜的。所以,现在企业所需要的是基于"自律型"人力资源管理的组织形式。

为什么需要"自律型"的人力资源管理

为什么说企业进行"自律型"管理是必要的呢?我并没

有否定至今为止的连锁经营理论。但我认为,就现状而言,如果企业不去探索符合时代变化的新型管理和组织形式,就很难打破目前的僵局。理由有以下4个。

①这份工作没有可供参考的说明书

与制造业和信息系统开发行业不同,在流通服务业中不存在顾客事先告知要求、提供说明书或设计图的情况。特别是接待顾客的服务行业,从业者完全无法预测什么时候、在哪里会被客人要求什么,所以他们无法提前做好准备。顾客突然出现的需求就是一瞬间的机会,如果没有抓住,价值就消失了——这就是流通服务业的工作。

从业者没有时间去请示上级,在大部分情况下,这份工作要求他们对自己的判断充满自信,并且具备较强的即时执行能力。

②越来越多的人开始追求新的价值和价值观

终身雇佣制度崩溃后,人力资源的流动性变得越来越强。与此同时,打算一辈子只干一份工作的年轻人越来越少。另外,以前人们是为了生活而工作,只要是公司的命令,即便是毫无意义的事情也不得不忍耐。现在则不同了,相比金钱和安定,许多人认为自己的梦想和工作的价值更为重要。

越来越多的人不仅仅满足于默默完成被给予的工作,他们更重视自我价值的实现,并且希望自己能够成为独立自主的存在。

③必须适应越来越暧昧的消费者意识

每个时代都有人这么说:消费者的意识越来越暧昧,已经没有什么可捕捉的余地了。但是,与需求单一、资源不足的过去所不同的是,在重视"个性"的现在,如果企业依旧按照以前的惯例,那就很难为顾客提供满足和感动。

因此,那些拥有独立思考和应对能力的人才备受追捧。因为在无法参考操作指南的情况下,他们能够考虑当时的状况和顾客的心情,做出随机应变的应对。

④必须迅速应对变化

大规模营销和大规模生产的时代早已终结。现在,我们可以说,新产品的寿命只有短短两周左右,店铺不得不像便利店一样寻求细腻的处理方式,以应对激烈的变化。

对于此类在店铺现场发生的变化,大规模营销时代的旧思维根本无法招架。你不能像金鱼一样张着嘴等待总部的指示。所以,企业必须培养能够自主思考并且迅速行动的人才,这一点变得越来越重要。

至今为止企业管理的问题点

在拥有多家店铺的连锁品牌中,很多企业的管理方式虽然暂时性地重视过自主性,但到现在也变成了"指令型"。最高管理层只提出"应该做什么"的基本方针和目标,具体的"应该怎么做"由中层管理者来考虑,基层员工只能待在执行的层面。

这种管理模式是根据职务条件来规定各个阶层的身份和责任,规定具体的数值目标,并将是否完成目标作为评价的对象。

然而,在这样的情况下,也会出现形式化的职务条件,导致无法发挥职务本身的作用,或管理者只是给予结果主义式的数值目标,造成放任型管理。

这种管理模式没有明确的理想和价值观,始终以业绩数字为最高追求,或是强行用数字作为一切的评判标准,却忽略了原本就难以用数值来衡量的定性目标。而最重要的问题是,没有足够的、关键性的共识建设,例如"为什么必须采取这个措施"。

目标是完全"自律型"的人力资源管理

那么,星巴克是以什么样的人力资源管理模式为目标的呢？答案就是"自律型"。

在星巴克，没有制作工作手册的必要，店铺的运营是根据"伙伴"㊀在现场的自主判断进行的。通过采取多样化的顾客应对机制，星巴克建立起一套与传统连锁品牌截然不同的体系。

比起通过制作工作手册等方式统一提供妥当的服务，星巴克更重视如何提高每个员工的思考能力，进而追求更高品质的服务。而在员工掌握足够的工作技能后，星巴克又会通过放权的方式，使员工能够灵活机动地应对顾客的需求。

虽然在对员工放权这件事上，"放"的一方要承担很大的风险，但是星巴克拥有完备的员工培训项目和支援体系，在此基础上建立了强化授权的"自律型"组织，从而提高了服务的质量水平。

因此，星巴克没有传统连锁品牌店铺常见的那些习惯，比如，让员工在早会上齐声高喊"欢迎光临"，或者练习鞠躬，这样的光景在星巴克是看不到的。另外，星巴克也没有所谓的"连锁店圣经"，也就是指导员工如何接待顾客的实操手册之类的东西。因为在星巴克，80%的工作都不需要实操手册就能进行。

㊀ 星巴克称员工为"伙伴"。——译者注

另外，星巴克的员工教育体系也不是单向型的，而是一个人与人之间相互关联的系统，员工之间互相教、互相学，每个人既是老师同时也是学生，从而形成了一个由学习者主导（主动学习型）的组织。虽然星巴克在极短的时间里就开了五百家直营店，但人们却很少听到星巴克出过哪些足以威胁其产品质量和品牌形象的问题。

在此类规模巨大的连锁品牌中，真正建立了"自律型"组织并将理念贯彻于实践的企业恐怕只是少数。

星巴克所处的外食餐饮业内，确实也有其他企业在实践这种"自律型"的人力资源管理模式。但是，这些企业与星巴克相似的只是表面现象，比如同样没有工作手册。而能够真正拥有一整套"自律型"组织支持体系的企业似乎并不多见。

星巴克通过建立"自律型"组织，强化了工作人员和顾客之间的信赖关系，并且成功地制造出一批狂热的粉丝——这一成功的秘诀到底是什么？在不到十年的时间里，在饱受质疑的日本市场上，星巴克实现了五百家店铺的急速发展，至今仍保持着增长的势头——这一发展的原动力是什么？

而在日本超过一万人的星巴克"伙伴"在工作时为何总是面带愉悦的笑容？这笑容又是出于什么样的动机呢？

秘诀就在于其卓越的人员管理体系和人事制度。当然了，我们必须承认，让它们正确发挥作用的大前提是星巴克的企业观。

在星巴克的企业观中，我们能够看到"以价值为前提的经营"。

价值前提是绝对条件

所谓"以价值为前提的经营"，就是在明确了企业的价值，即"企业应该是什么样的企业"之后进行的经营。如果事先没有明确企业的价值和目标，只是应付当下发生的事情，或者"看情况"应对，这就是机会主义的经营，也可称之为"以事实为前提的经营"。而星巴克所实践的正是"以价值为前提的经营"。

星巴克拥有崇高的企业精神（使命宣言）和鲜明的品牌精髓，这是其实质上的创始人霍华德·舒尔茨所提倡的，它作为企业文化的思想体系浸透在整个使命管理的过程中，最终造就了星巴克的成功。

星巴克的成功无疑暗示着一个新时代连锁经营的方向。世人的关注点仍然更多地停留在"它没有工作手册"这样的表面之上，或是业绩和股价这些在企业成长的某个阶段的片面表现之上。但是星巴克的卓越性不仅仅在于其企业精神、价值观和愿景等方面，更在于它建立了严谨的管理体系。

本书主要从人力资源管理的角度出发，从我所窥见的片段中总结星巴克的经营模式。

在执笔的过程中，笔者参考了许多与星巴克相关的实际采访素材以及公开文献和资料，并对本书的部分内容有所改动，力求将星巴克标志性的人力资源管理的思想和结构传达给各位读者。

目录 Contents

前言

第1部分　共享价值，统一方向 …… 001

    第1章　基于使命的管理 …… 003

        1.1　星巴克的管理哲学 …… 004

        1.2　使命至上的管理模式 …… 007

        1.3　坚定信念，提高目标 …… 014

    第2章　品牌的支点：企业身份和企业信仰 …… 021

        2.1　品牌精髓 …… 022

        2.2　一个新构想：第三空间 …… 023

        2.3　建立良好人际关系的关键词 …… 028

    第3章　理念共享，目标一致 …… 038

        3.1　团结一心 …… 038

        3.2　明确目标，统一方向 …… 043

        3.3　建设高自律性的团队 …… 049

第 2 部分　高承诺人力资源管理 ……055

第 4 章　如何将人作为管理资源 ……057

4.1　人、人、人的管理 ……057

4.2　鼓励员工独立自主 ……063

4.3　因材施教 ……069

第 5 章　人力资源培养的教育体系 ……073

5.1　核心课程 ……074

5.2　引导师与企业文化基因的传承 ……078

5.3　人才培养的支持体系 ……082

第 6 章　人才培养的技术和方法 ……092

6.1　企业教练技术 ……092

6.2　深化沟通、建立信任的方法 ……110

6.3　信任与托付 ……122

第 3 部分　建立透明的、有说服力的制度 ……127

第 7 章　星巴克的管理思想 ……129

7.1　由人际关系结成的组织 ……129

7.2　人事制度的整体情况 ……134

7.3　培养重要的人力资源 ……138

第 8 章　目标管理和评价制度 …… 141

8.1　基于目标的管理 …… 141

8.2　基于胜任力的评价 …… 146

8.3　对理念实现程度的评价 …… 153

第 9 章　打造具有强大凝聚力的组织 …… 159

9.1　提升组织竞争力 …… 159

9.2　成果主义 …… 171

9.3　目标管理的重要性 …… 175

9.4　胜任力的理念 …… 197

后记　新时代的到来 …… 202

星巴克流
好员工的培养法

第 1 部分
共享价值，统一方向

本书的第 1 部分将介绍星巴克所重视的价值观，以及基于这些价值观的使命管理的结构，同时也将探讨应该如何通过与员工共享组织价值观实现企业上下目标一致。

―――――――

第 1 章 基于使命的管理

"今天的星巴克有两个起点。一个是成立于 1971 年的星巴克公司。一直以来,这个公司以饱满的热情制作最高水平的咖啡,同时致力于咖啡文化的启蒙事业,让每一位顾客了解什么是好咖啡。另一个则是由我本人带进星巴克的理想和价值观:它结合了不屈不挠的竞争心和确保全体员工共赢的坚定意志。我想在咖啡中调入自己的梦想,我想挑战他人认为的不可能,以创新的观念克服障碍,最终达成目标,并且我要以优雅帅气的风格实现这一切。"

——霍华德·舒尔茨,《星巴克的成功物语》㊀(日经 BP 社)

㊀ 原著《Pour your heart into it: How Starbucks Built a Company One Cup at a Time》;中译本《将心注入》。——译者注

1.1　星巴克的管理哲学

人力资源管理的依据是企业愿景

本书主要聚焦于星巴克的人力资源管理模式,在学习其独特性和卓越性的同时,思考今后在连锁品牌经营的模式下,人力资源管理的方向性。

因此,我想先明确一个问题:人力资源管理到底是什么?答案可不是简简单单的"管理人的方法"。本书所说的人力资源管理,不仅仅局限于"评价制度"和"薪酬制度"的结构,还包括从录用到分配、调动等的"人力资源流动",以及人才培养、激励、职业规划等的"人力资源开发",甚至包括"企业与员工的关系"在内的综合性管理机制(见图1-1)。

在接下来的内容中,我们将探讨星巴克的人力资源管理,但请注意,人力资源管理本身并不是独立的。钱德勒曾说过"组织跟随战略"。人力资源管理当然也有愿景,有"想要实现的目标",而如果没有"向着目标进行企业经营"的战略,就不能决定"进行什么样的人力资源管理"。也就是说,人力资源管理依靠的是企业的愿景和企业经营的方向性(见图1-2)。

图 1-1 人力资源管理的对象

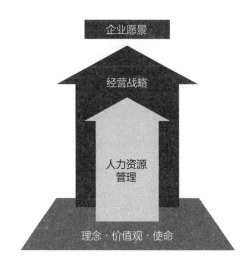

图 1-2 人力资源管理的定位

因此，在走近星巴克具体的管理模式之前，我们必须先理解这家企业所重视的理念、价值观，或者说他们的愿景。

人力资源管理的基础是企业的理念、价值观和使命，它的形式则与围绕着企业愿景而描绘的经营战略相辅相成，并且它的存在正是为了支持企业愿景的实现。

星巴克重视的哲学

星巴克企业内部奉行的哲学之一就是"One Cup at A Time，One Customer at A Time（认真对待每一位顾客，一次只烹调顾客那一杯咖啡）"。这句话不仅被刻在了星巴克咖啡日本总公司的墙上，也出现在其宣传册的内容里。星巴克认为保持这种精神是非常重要的。

这句话相当于日语中的"一期一会"，意即"这个瞬间在一生中只有一次。所以为了不留下遗憾，请诚心诚意地服务顾客"。

在星巴克的企业思想中，坚守这一哲学是其最为重要的价值观。这是一家以被他们称为"使命宣言"的经营理念为根基而进行经营活动的企业。

这种理念构成了星巴克企业经营的基础，也是星巴克的精神支柱；"使命宣言"记述了星巴克最为重要、也最为宝贵的思想意志（见图1-3）。

> "星巴克的使命是：在公司不断发展的过程中坚守自己的主张和信条，为世界提供最顶级的咖啡。"

- 建立完善的工作环境，营造互尊互信的工作氛围
- 积极接纳多元化，作为公司运营的必要元素
- 在咖啡的采购、烘焙和保鲜销售的过程中，始终保持最高的质量标准
- 永远提供让顾客真正满意的服务
- 为社区和环境保护做出积极的贡献
- 理解利润增长将是公司未来成功不可缺的条件

图1-3 使命宣言

1.2 使命至上的管理模式

使命的内涵

霍华德·舒尔茨说过："'使命宣言'既不是装饰办公室墙壁的纪念品，也不是单纯的愿望清单。这是我们的信条的具体形式，是我们应该共有的指导理念的基础。"星巴克将这个"使命宣言"中提出的理念和价值观作为最高纲领，制定了经营战略和组织目标，并在此前提下制订短期目标和行动计划，系统地管理着整个企业。也就是说，这是一家实行使命管理的企业。

事实上,"使命宣言"在人力资源管理和日常工作中都是不可或缺的存在。这一点也牢牢地刻在了星巴克员工的心里。

必须强调的是,在星巴克的使命宣言中,排在第一项和第二项的都是"人",这是专门为了员工而制定的,也是星巴克经营态度最直接的表现:是人在做生意。

而接下来的内容围绕人的是"提供产品"。霍华德·舒尔茨在意大利的咖啡吧所体验的感动,星巴克希望同样能够在自己的产品中予以表现。因此,星巴克才会发出追求品质,坚持以最高品质为目标的宣言。

接着,星巴克提倡的是"满足顾客"和"为社区和环境做出贡献"。直到最后星巴克才提到了"收益性"。

让我们更详细地分析一下星巴克的"使命宣言"吧。

第一句宣言是"建立完善的工作环境,营造互尊互信的工作氛围",由此表明星巴克从事的是"与人打交道的生意(People Business)"。

也就是说,在向顾客提供价值之前,先要明确这一点:如果没有能够让员工充满活力的工作环境,员工就无法提供最好的咖啡,也无法为顾客带去喜悦和感动。正所谓"人很重要,工作环境也很重要"。

第二句宣言是"积极接纳多元化,作为公司运营的必要元素"。星巴克接受拥有各种想法和习惯的顾客,将其视为理所当然。为了更好地应对顾客以及工作人员的多元化和各种变化,星巴克必须重视服务和管理的灵活性。

星巴克没有指导如何接待和服务顾客的工作手册。这也是其灵活应对多元化和变化的方法之一。

多元化的英文是 Diversity,最近很多日本企业也开始开展 Diversity Program(多元化项目),旨在为更好地接纳多元化因素做好准备。这不仅仅是针对顾客而言,同样的,企业开始更加尊重拥有多样的思想和意识的员工,积极地接受员工们个人的主张和意见。但是在星巴克,这种做法很早就被引进了。

第三句宣言是关于咖啡品质的。霍华德·舒尔茨在其著作《星巴克的成功物语》中写道:"你不能仅仅向顾客提供他们想要的东西。如果你能提供超乎他们认知或者具有最高品质的东西,那么就能给他们带来发现的喜悦和兴奋,并且造就他们对你的忠诚心。虽然通过这种方式打磨顾客的品位可能需要花费一些时间,但只要你提供的产品确实优秀,那么即便花费时间,顾客也一定会选择它们。"

另外,"使命宣言"的开头是这样写的:"星巴克的使命是为世界提供最顶级的咖啡。"但如果仅仅如此,那么星巴克与寻常的食品杂货店又有什么区别?而第四句宣言提到了顾客服务，对此做出了解释。星巴克的服务并不是单纯的服务本身，它更多在于制造"与顾客的羁绊"，这也是星巴克一直以来强调的重点。

完成以上这些使命之后，星巴克开始考虑对社会的贡献。于是，第五句宣言提出要为社区和环境做出积极的贡献。而直到最后，这份"使命宣言"才提到了公司的盈利，表示企业有持续经营下去的社会责任，企业必须是可持续发展的存在。这也展示了星巴克的持续经营思想（Going Concern）（见图1-4）。

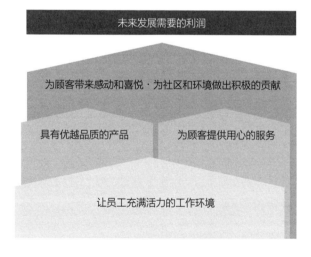

图1-4 星巴克的持续经营思想

信赖关系是星巴克的骄傲

"使命宣言"的顺序具有极大的意义。企业的持续经营和发展是很重要的,对股东的贡献也是很重要的。但是,要做到这些,星巴克就必须先成为顾客所喜爱和支持的企业,因为只有顾客才能为星巴克带来利润。也就是说,如果企业不把顾客放在第一位,或者说如果不追求顾客的满意度,那么就无法产生利润,企业发展也不会长久。

企业要生存下去,就必须提供具有顾客愿意付钱购买的品质的产品、服务或功能。制造产品、服务或功能的是商业流程本身,而运作商业流程的说到底依然是"人"。

也就是说,如果"人"不靠谱,那么商业流程就不能正常地发挥作用,不能向顾客提供好的商品和服务,也难以对社会做出贡献。当然,也无法盈利。

星巴克的"使命宣言"就强调了这种连锁反应式关系的存在。

这样的想法虽然是很有道理的,但是事实上,很多企业一旦出现业绩不佳的情况,就不得不向眼前的目标数字追赶。与星巴克"使命宣言"的顺序相反,他们首先以提高利润为目标。对这些企业来说,如何降低成本是最重要的命题。为此,他们拼命抑制成本费用,减少人工,明知这样做会降低重要的顾客满意度,失去员工和顾客的信赖,却仍然一意孤行。

霍华德·舒尔茨说:"如果让我说出我在星巴克完成的最自豪的一件事,那就是我和员工们之间建立的信赖关系。"

星巴克首先有自己的信念,其次会把自己坚信的重要的事情作为使命,化为宣言,将这些理念反映到所有工作中,贯彻到整个经营过程。所以说,星巴克是实践使命管理的企业。

目标是以个人的自律为前提而造就的组织

星巴克几乎没有工作手册。这是一家深受顾客喜爱和支持的企业,但却并不是通过复杂的说明书来管理的,而是以"使命宣言"为最高纲领,由那些不需要工作手册就能够独立思考和行动的人们共同撑起的。

在金字塔型的组织结构中,星巴克不是根据自上而下的指示和命令来对企业进行控制,而是通过使命让所有员工团结一致,从而建立起一个自律型组织,其成员能够自行判断,并且能够率先做出实际行动。这种具有强大团结力的组织,是依靠信赖关系紧密结合在一起的。今后,星巴克所追求的这种互相尊重、互相信赖、紧密团结的组织形态将会成为主流。

正因为如此，星巴克在组织管理上的重点就在于全体员工都能理解并实践这些"使命宣言"。"使命宣言"所表达的意思并不是"要听公司的话，要按照规定工作"，而是"员工之间要互相尊重、互相信任"。

正如这份宣言所提倡的，为了能够在工作伙伴之间结成强大的信赖关系，让使命激发凝聚力，星巴克只录取和培养对这种价值观具有共鸣的人。这也是星巴克非常重视的一个原则：以组织所追求的愿景为方向，所有人必须目标一致。而且，星巴克坚信，只有通过共鸣将员工的心团结在一起，才能建立起具有强大凝聚力的组织。

星巴克认为传播价值和共享价值是非常重要的，必须点燃每一位员工内心的火焰，因为"只有内心改变了，态度才会改变，习惯也会改变，最终改变自身"。因此，星巴克养成了"尊重每个人"的企业文化，通过团结每个人的力量来提高组织整体的能力。而且，为了将这些左右着自身竞争力的经营理念和企业核心价值观贯彻到组织的末端，星巴克还建立了各种各样的体系。

通过这样的管理模式，星巴克将"企业文化"和"企业理念"这些高度抽象的概念渗透到企业内部各个角落，从而确立了自身的独特性和竞争优势。

1.3 坚定信念，提高目标

挑战宏大的梦想

星巴克的未来大目标 BHAG（Big, Hairy, Audacious, Goals）是："成为给心灵带来活力和营养的品牌，成为世界上最知名、最受尊敬、永垂不朽的伟大企业。"

BHAG 是《梦幻公司》㊀（日经 BP 社，吉姆·柯林斯、杰里·波勒斯著）中介绍的概念，它将企业目标以简单易懂并且强有力的信息来传达：这是"赌上公司命运的大胆目标"。BHAG 不是一个能够百分之百实现的目标，而是一个非常困难的、其实现的可能性只有 50%～60% 的目标。但是，波勒斯认为，将这样宏大的目标如实地描写出来是非常重要的。

关于这个概念，有一桩非常有名的逸事，那就是美国前总统肯尼迪提出的 BHAG。肯尼迪就任总统后不久就交给 NASA（美国国家航空航天局）一个重任——在 20 世纪 60 年代之内把人送到月球上去。当时宇航员登月成功的可能性非

㊀ 原著《Built to Last: SUCCESSFUL HABITS OF VISIONARY COMPANIES》；中译本《基业长青》。——译者注

常低。但是,即使是这样的目标,几经强调之下也能够激励人心,深深地印刻在人们的潜意识中,最后被提高为"只要相信就能实现"的坚定信念。

据波勒斯说,当时他问在NASA打扫庭院的人"你在干什么",得到的回答居然是:"我在为登月计划工作呢"。

有很多公司都提出了自己的BHAG,并以此为目标实现了巨大的飞跃式发展。

IBM(国际商业机器公司)的创始人老沃森在IBM还只是一家资历尚浅的办公用品商店的时候,就已经决定了自己的BHAG,也因此将公司命名为International Business Machines(IBM)。

在20世纪60年代,IBM的360系统开发计划,波音707、747和777机型的诞生等成功事例,都是BHAG激发凝聚力,实现难以达成的目标的最好证明。

雅典奥运会链球金牌得主室伏广治说过:"目标越高,意志越强。"他认为高目标能够引领人勇往直前。

霍华德·舒尔茨也将自己提出的BHAG渗透到整个企业中,作为所有员工共同的目标,团结一致,强化每个人的意志。正是这种理念引导星巴克获得了巨大的成功。

星巴克的使命管理概念

我们可以通过将星巴克这家公司比作树木来说明它的整

体情况。假设星巴克的目标，即星巴克的 BHAG 是一棵成熟的大树。

那么，"使命宣言"就是这棵大树得以屹立不倒的"根系"。它指引组织朝着宏伟的目标前进，无论狂风暴雨都不能动摇这份坚定的信念。

星巴克的胜任力（Competency）或所谓的"星星技巧（Star Skill）"则是肥沃的土壤，通过根系向大树提供营养。星巴克的胜任力正是将"使命宣言"作为具体行动指南来表示的；而对于具有使命感的星巴克人来说，"星星技巧"也是他们所重视的日常工作方针。

星巴克的意识形态（思想倾向）和特征（个性）就是包覆这棵大树的空气，助其成长。星巴克所提供的价值核心是：珍惜每一位同事，为顾客带去惊喜和感动。"传递感动，丰富生活"这一核心信仰也是星巴克品牌最重要的支点。关于这些内容，我们将在后文详述。

星巴克的员工们自然以 BHAG 为方向。如果将他们每一个人比作树苗，那么最初播下的种子就充满个性。而如何才能让这些树苗长成理想的模样？符合其个性的培养过程就变得尤为重要。担此重任的就是星巴克的引导师和教练们。他们给树苗浇水，有时要改变光照的方向，有时要修剪枝丫，帮助它们长成目标形态。在这个过程中，星巴克制定了包括教育体系在内的各种人力资源开发制度。

设定与自己切身相关的目标，提高自己的能力，这就是所谓的 MBO（Management By Objective，目标管理制度）。目标的存在能够促发人们强大的意志，激励人们为实现它而努力。对于星巴克和它的员工来说，目标就像阳光一样，给予这棵大树生命活力。正因为有目标，工作才会有意义，人们也才会产生朝着这个目标前进的积极性。这一切形成了星巴克特有的企业文化，而从中孕育而成的大树所结出的果实就是各个门店乃至于各位被称为"伙伴"的员工（见图 1-5）。

使命的渗透

星巴克不使用工作手册来束缚个人的工作积极性，而是尊重每一个"伙伴"，建立起一个放松的工作环境，因此"伙伴"们本身也十分喜爱星巴克，从而形成了一个人人专注工作的职场。无论是对待员工还是对待顾客，星巴克都满怀尊重和敬意，自豪和尊严；接纳对方的个性和各种各样的想法，改变自己以做出更好的应对。为了将这些使命宣言中记载的精神传递到企业的各个角落，星巴克采取了各种各样的措施。以下是其中的几个例子。

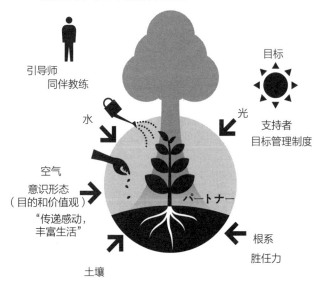

- 建立完善的工作环境，营造互尊互信的工作氛围
- 积极接纳多元化，作为公司运营的必要元素
- 在咖啡的采购、烘焙和保鲜销售的过程中，始终保持最高的质量标准
- 永远提供让顾客真正满意的服务
- 为社区和环境保护做出积极的贡献
- 理解利润增长将是公司未来成功不可缺的条件

图1-5 星巴克"使命宣言"的概念

为了让员工更深入地理解星巴克的企业愿景,"支持中心"[一]会定期发出管理建议书,内容包括董事等管理人员巡店的亲身感受,同时反复提及与愿景相关的信息。通过这种方式,重复加深员工对企业愿景的印象。

另外,星巴克还建立了"使命审查"制度,以确保"使命宣言"得到践行。员工每个人都会收到"使命审查卡",如果有人认为星巴克的某些规定不符合"使命宣言"的精神,那么就可以在卡上写下意见,提交给任务审查小组,传达自己的想法。换句话说,这个制度就像是意见箱一样的存在。但是,在日本,拥有这种意见反映制度的企业非常少。只有极少数的企业会让员工来监督自己是否按照企业理念进行运营。

员工的个人目标也必须以"使命宣言"的精神为基础,独立思考并且独立制定。在星巴克,目标不是被给予的,而是通过自己的思考后得出的。同时,在这个思考的过程中确认自己的使命。

在本书的第 8 章,我们会详细介绍这些目标的内容以及相关的评价。其实,在目标制定和后期跟进的过程中,员工也会就自身工作正确的推进方法与上级管理者商量,讨论如

[一] 星巴克将企业总部命名为星巴克支持中心(Starbucks Support Center)。——译者注

何才能更好地为顾客提供价值。而在此过程中,他们对于"使命宣言"内涵理念的理解也会被不断地加深。

而在职场之外,星巴克还建立了名为"星巴克之心(Heart of Starbucks)"的集会场所。它完全由员工们自主策划和运营,大约每月一次,在十几个地区举办研讨会,从日常工作的话题到使命和价值观,甚至人生经验等,都可以是会议的主题。与会者在广泛交流的过程中,共享价值观,加深了"伙伴"间的情感纽带。

无论是星巴克的企业哲学:"认真对待每一位顾客,一次只烹调顾客那一杯咖啡",还是企业的核心信仰:"传递感动,丰富生活",又或是其服务理念中的"Just say yes"[一]原则,都与"使命宣言"中的理念紧密关联。

这些标语在员工的身边理所当然地不断出现,潜移默化间深深地刻在了他们的心中,成为他们思考和行动的基准。

"使命宣言"不是挂在办公室墙上的装饰品,也不是宣传用的海报。它就在员工的身边,每一天不经意间进入他们的耳朵,进入他们的头脑。星巴克正是通过这样的方式,使员工们增加接触"使命宣言"的机会,通过切身的体验加深理解,渗透心中。

[一] 星巴克服务理念中的"Just say yes"原则:不管顾客提出什么要求,只要不违法乱纪,就必须照做。——译者注

第2章
品牌的支点：企业身份和企业信仰

"打造一个能够持久发展的卓越品牌，首先要有一个具有吸引力的产品。这一点无可替代。就星巴克的情况而言，我们的产品的意义远大于单纯的咖啡。顾客之所以造访星巴克，理由有这样三点：我们的咖啡、我们的员工、店内的消费体验。"

"我们从来没有刻意地以创建品牌为目标。我们的目标是建立一个优秀的企业，一个有目标的企业，追求产品的正宗，珍视员工的工作热情。一直以来，我们的目标就是成为那样的企业。"

——霍华德·舒尔茨，《星巴克的成功物语》（日经BP社）

2.1 品牌精髓

品牌的支点：企业的核心信仰

星巴克是一家十分重视品牌形象的企业，始终以提升品牌影响力为目标。"品牌"在词典里有"（烙印）商标、牌子，特别是名牌"的意思。

但是，在如今的时代背景下，这样的解释已然不能充分地说明"品牌"的含义了。虽然人们对现代品牌给出了各种各样的定义，但如果用一句话来总结，可以说，品牌是一种能够让人们通过企业的名称或商标联想到该企业的产品所代表的精神或价值观的东西。

而这种价值观的形成，离不开企业独一无二的身份和自身的信仰，只有它们才能让社会大众记住企业的产品和服务。

星巴克认为企业的核心信仰是品牌的支点，重视"传递感动，丰富生活"的理念。为了实现这一理念，星巴克将"咖啡、空间和人"这三大要素结合在一起，从中发掘能够带给顾客的感动、发现、舒适感和亲切感。他们坚信，这些才是品牌的精髓。

细细品来，咖啡、空间和人的组合向顾客们提供的是"只有在星巴克才能体验到的经验"，也就是所谓的"星巴克体验",这才是星巴克真正提供的产品(见图2-1)。正因为拥有"传递感动,丰富生活"的企业信仰,星巴克才能实现这一点。而且,星巴克还将门店作为自身品牌的检验"场所"和宣传的"广告塔"。

图2-1 星巴克提供的产品

2.2 一个新构想:第三空间

品牌推广的好地方

人们为什么去星巴克?据说在美国的星巴克,有很多每月到店十六七次的优质顾客。如果他们只是想喝美味的咖啡,为什么不去其他相同水准的咖啡店呢？如果他们只是想在附近休息一下，为什么不去到处都有的快餐店呢？顾客之所以选择星巴克，显然是因为他们追求那种只有在星巴克才能体验到的感觉，而且他们乐在其中。

星巴克对门店的定位是 Third Place（第三空间）。这是介于家和职场之间的一个空间，星巴克为之赋予了崭新的存在意义：它是"你在忙碌一天后，治愈疲惫，享受独处时光的地方"；是你品尝"支付得起的奢侈"（Affordable Luxury）的地方；是你"与心爱之人亲密谈心的地方"，充满浪漫的氛围。

它也是一片"绿洲"，让你"从日常的压力中解放自己"；也是"与友人社交的场所"，你可以在这里尽情地进行非正式的交流。这就是第三空间的概念（见图 2-2）。

实际上，星巴克的顾客享受着各种各样的体验。某位女士曾笑着告诉我："看到橱窗玻璃上映出自己交叠双腿、束高头发的模样，不由地沉醉在那个瞬间，觉得自己好美。"

也有商务人士说："每天早上，上班前顺路去星巴克，喝着苦涩的咖啡，考虑一下今天一整天的工作安排，这种时候就感觉自己比竞争对手领先了一步。"显然，比起一边匆匆忙忙地用咖啡咽下热狗，一边跑向办公室的狼狈状态，他对在星巴克度过这段晨间时光的自己感到高兴。

还有每天忙于家务、连休息时间都没有的主妇也会去星巴克放松,"感觉自己好像变成电视剧的主人公,和朋友们在一起放松,差点忘记了时间"——就像这样,她们享受着咖啡的芳香和店员的友善,在舒适的空间里悠哉片刻。

图2-2　第三空间的体验

星巴克为顾客提供了一个绿洲般的空间,顾客在这里能够舒舒服服、自由自在地度过属于自己的时间。这就是"Starbucks Experience"(只有在星巴克才能体验到的感受)。

让日本人产生共鸣的概念

当星巴克被所有国家都接受的时候,这个世界一定会变得更加和平吧。星巴克的咖啡并不是为了提供作为生物所需要的最低限度的营养,而是为了给人类的心灵带来活力的营养。

在日本,星巴克的发展如此之快,正是因为日本是一个平和的国家,人们对物质的欲望已经得到满足,现在已经进入了追求精神欲望的时代,而星巴克的理念恰好与之相吻合。

日本人的欲求已经转向了"磨炼自己""创造回忆"等充实心灵的方面。这个时代被称为"个人的时代",人们背负着许多压力,因此,"伙伴们的聚会"在这个时代成了精神食粮,而星巴克的"第三空间"理念,可以说是将他们所追求的东西以可见的形式展现于世。

而且,无论是谁,只要稍微努力一下就能进入这个空间,体验这种"支付得起的奢侈"。这句话可以说是抓住了现代日本人内心的重要精髓。

最近很流行"慢食"这个词,其中包含了两个动向:一是对于在漫长历史中、扎根于乡土所培养出来的饮食文化的重视;二是试图通过饮食让人们重获内心的丰富宽裕。

而星巴克"支付得起的奢侈"的概念,与这种慢食的精神也恰好重合了。

将习惯化的体验融入日常

星巴克刚登陆日本的时候,给很多人带来了感动体验。

但是，随着店铺数量的增加，到了随处可见星巴克的现在，人们最初的感动体验也渐渐淡化了。

尽管如此，星巴克始终响应顾客和市场的多样性，不断地针对客户体验和发现提出新的方案。

比如，当顾客不经意间注意到店内播放的音乐时，正好收银台边就放着 CD；或者一抬头就看到签名板上无心的一句话；这些都是星巴克想要传递给顾客的新发现。

另外，在车站内和机场中，酒店大堂等令人意外的地方，也开始入驻新的星巴克。

还有些门店十分有特色，有的设置了暖炉，有的提供顾客自带杯子的清洗服务。就像这样，星巴克一直在不断创新。

虽然这种看似无意的变化已经传达给了顾客，但是随着人们日常光临星巴克的机会增加，惊喜和感动也渐渐淡去。星巴克在人们的日常生活中成为理所当然的存在，它的"非日常性"逐渐减弱。

但是，在失去新鲜感和惊喜的同时，人们越来越习惯于星巴克就在身边的生活（见图 2-3）。这就是星巴克的目标：成为街头巷尾的"聚会场所"。它作为一个社区、一个绿洲的存在最终得到了人们的认可。

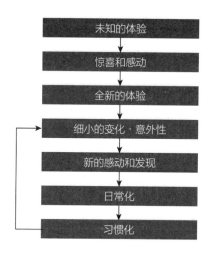

图 2-3 星巴克体验的进化

2.3 建立良好人际关系的关键词

用"去工作手册化"对应多元化

"认真对待每一位顾客,一次只烹调顾客那一杯咖啡"这句话是星巴克企业哲学的最好表现,其内涵是星巴克对于人与人沟通交流以及彼此间信赖关系的重视,也体现了星巴克旨在拔高品牌立意的气魄,掷地有声。

从这句话中,人们能够强烈地感受到星巴克的意图:在当下,在这瞬间,赠予顾客感动,使他们陶醉其中。

有一个词叫 Moment of truth。在日本,它被翻译成了

"真实的瞬间",但其实在英文词典中,这个词的本来意思是"斗牛中的致命一击,决定性的瞬间、关键时刻"。这是斗牛士拿着锋利的剑,付出全身心,给予公牛最后一击的瞬间。同样,如果不用这样的气魄和热情去面对顾客,是不可能给他们带去感动和惊喜的。

在表现星巴克企业哲学的这句话中,蕴含着与这个词相同的道理。

所以,如果所有工作都要遵循毫无灵魂的工作手册来进行,那么顾客还能体验到独一无二的感动吗?

为了能够在第一时间满足顾客各种各样的要求,星巴克希望"伙伴"能够独立思考到底应该如何接待顾客,形成多元化的服务形式。没有必要把什么都写成工作指南。

实际上,星巴克除了咖啡师的食谱手册之外,没有任何关于服务的指南。因为情感上的服务和功能上的服务,构成两者的要素是不同的:首先,无法制定好坏的标准,无法定量表达;其次,很难用文字来说明,所以使用指南或手册来规定工作的形式是不可行的。

因此,每个"伙伴"都要独立判断,独立行动,这一点很重要。

实际上,当你走进星巴克的门店,就会发现工作人员的问候方式各式各样,有人说"欢迎光临",也有人说"你好"。可见，星巴克显然没有规定员工打招呼时必须"将双手交叠放在身前，六十度鞠躬，面带微笑，声音洪亮"。

星巴克员工接待客人的方式，与其说是五花八门，不如说是每个人都在以自己的方式考虑和实践如何接待客人，所以会给顾客带来一种十分自然的印象。

很多人的工作都被手册或规则所束缚，有人可能会很羡慕星巴克这种放任式的工作风格。确实，自由裁度、自由判断所带来的喜悦和价值感是巨大的，但是，在这种情况下，责任也一定会如影随形。如果员工没有这样的觉悟，那么就不能脱离工作手册。我们必须承认，很多时候，在工作手册的指导下，或者在制定了明确规则的前提下，反而更容易工作。

没有规定"应该这样做"的工作手册，并不等于放任自流。这种管理方式中蕴含着放权的精神，它要求员工考虑最佳的工作方法。其中，下放权力的一方和接受权力的一方，两者间的信赖关系十分重要。同时，双方都需要具备健全的判断力，明白什么才是最好的。

这种想法与美国高级百货商店诺德斯特姆（Nordstrom）所提倡的精神不谋而合。诺德斯特姆的从业规则就是"在任何情况下利用自己最好的判断力。除此之外没有其他规则"。

无论是星巴克还是诺德斯特姆，门店的工作人员作为团队成员都会自己思考，自己判断，并且主动行动，已经形成了自律型的组织形态。

但是，虽说星巴克没有工作手册，其做法也不是其他形式的店铺单纯就能模仿的。比如餐馆，首先，烹饪工序就很复杂；其次，在餐桌服务方面也有必须遵守的最低限度的礼仪和规则。再比如便利店或超市，店员必须及时地对数千乃至数万件商品进行管理。与这些店铺相比，星巴克的业务只从功能方面来看是非常简单的，也正因为如此，员工即便不依赖工作手册也能解决大部分问题，这也是事实。

话虽如此，随着顾客的期待水平提高，多元化的重要性也越来越显著，没有哪个商家不会承认这一点：在这个时代，如果一味依赖工作手册，那就很难抓住顾客的心。所以，对于星巴克这种不依赖说明书，而交由每个员工的自主性来实现的管理模式，很多人产生了这样的疑问："如何让员工遵守规则""如何保证服务质量不打折扣""委托式的管理不会让店铺一团乱吗"。

确实，表面上看来，这样的管理方式很容易让人担心。但是，请把棒球队和足球队比较一下。对每一次投球和每一次击球发出指示，进行控制的是棒球队；而足球队一旦进入球场，就几乎无法再从教练席控制了。

足球是比棒球更要求统一的运动。如果只从球队的运营来看，棒球是以功能为中心来组织球队的，而足球是通过队员们的默契来结成队伍的。但是足球队也存在着控制组织的体系，并不会让队员随便上场。

所以说，现在日本的很多企业都像棒球队，但是星巴克却是以成为足球队为目标的——这样一比较，大家就很容易理解了吧！

"星星技巧"展示理想的沟通方式

在星巴克，人们能够强烈地感受到顾客与"伙伴"，以及"伙伴"与"伙伴"之间的信赖关系。这是星巴克独一无二的优势所在。

为了寻找理想的沟通方式，星巴克提出了三种沟通技巧，要求"伙伴"必须掌握，这被称为星巴克的"星星技巧"。简单来说，星巴克希望"伙伴"在工作时能抱有以下的觉悟，以诚实地履行"使命宣言"。

①维持并增进自信。
②努力聆听、赞赏和理解。
③遇到困难时寻求帮助。

第一，"维持并增进自信"的意思是，"伙伴"应以工作为骄傲。"伙伴"的工作是通过咖啡带给顾客惊喜、感动和安乐，应引以为豪，并以此来激励自己的工作。

第二个是"聆听"的技能，但这并不是单纯地听对方说话。它更多包含了倾听，并且是积极倾听的意思，更接近于在心理咨询或引导中经常提及的"Active Listening（主动聆听）"。

在心理咨询理论中，这是卡尔·罗杰斯（Carl Rogers）提出的"来访者中心疗法"中最重要的交流技术。

只有积极地聆听对方说的话，才能更好地理解对方说话的语境，从而进一步理解对方的心情，让自己站在对方的立场上考虑事情。也就是说，在面对同事的时候也必须将"款待"的精神放在首位。

主动聆听一旦成为每个人的习惯，那么"伙伴"之间都会站在彼此的立场上考虑问题。于是，在互相支持、互相帮助的同时，同事间的羁绊也得到了加深，将共同创造一个易于工作的环境。

第三个技巧宣扬的是互助精神："在星巴克工作的人要互相帮助。"星巴克欢迎"伙伴"彼此之间寻求帮助，相反，星巴克也希望，当他人向"伙伴"寻求帮助的时候，他们不会逃避，能够伸出援手，建立起一个互相帮助的积极环境。曾有在星巴克工作的人说："我没想到自己会对别人这么温柔"，不经意间发现了新的自己。这也是"星巴克体验"的一部分。

从某种意义上来说，也是星巴克的"魔力"（见图2-4）。

价值观的渗透与行动

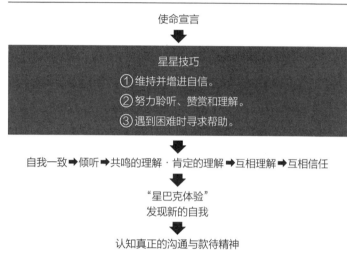

图2-4 "使命宣言"的意义

另外，星巴克还设立了名为"BRAVO奖"的表彰制度，专门用于奖励那些互相帮助、用心沟通的"星星技巧"实践者。

如果一个员工认为某个同事在工作中很好地帮助了自己，那么就可以填写并提交指定的BRAVO奖申请文件作为推荐。得到了相应的上级管理者和人力资源部门的批准后，获得"BRAVO奖"的人，可以得到一枚咖啡豆徽章。

关于获奖的条件，虽然申请表上列举了"让顾客满意的服务""提高销售额的业务""为降低成本做出贡献的业务"等选项,但并没有特别严格的限制。比如,在加班很辛苦的时候,兄弟部门的"伙伴"前来帮助,诸如此类的日常业务中不经意的关心和行动,都可以是评价和奖励的对象。

就像这样,在星巴克,员工把"星星技巧"作为行动的指南,星巴克所重视的正是这种工作态度。也就是说,关于员工采取了什么样的行动,做出了什么样的努力,星巴克正是通过这样的方式,将这些方面的详细内容作为员工胜任能力的必要条件进行了另外的总结。

尽可能满足顾客要求的"Just say yes"原则

星巴克不仅注重舒适的空间、家庭般温暖的氛围,也非常注重对"伙伴"的关心和与顾客的交流等情感方面的因素。

"认真对待每一位顾客,一次只烹调顾客那一杯咖啡"的精神也是其体现之一。细品这句话中饱含的心意,那就是"接待顾客时要尽可能地满足他们的要求"。星巴克将这一理念用"Just say yes"这句口号来表达。

星巴克的某位经理曾说过:"星巴克没有工作手册。有的只是一种精神,那就是尽量满足客人的要求"。

当新员工进入星巴克,成为"伙伴"后,紧接着星巴克就会在培训中向他们传达这种精神,并帮助他们做好接纳它的准备。在对这种精神的耳濡目染中,新员工会理解什么才是真正的顾客至上的服务,进而成就能够做到独立判断、主动行动的团队。

曾有这样的逸闻:某家星巴克门店停业之时,有常客向该店的经理和"伙伴"赠送花束。像这样的"与顾客的深厚联系"正是星巴克所追求的"传递感动,丰富生活"的目标之体现,也是员工在星巴克工作的乐趣和价值之所在。

宣传品牌靠的是"人"

众所周知,作为企业,星巴克做的是"与人打交道的生意",它所实践的是"聚焦于人力资源",并且"尊重人"的经营模式。

对于星巴克来说,品牌是无论如何都要坚守的东西,但是宣传品牌的,却是每一个在星巴克工作的"伙伴",可以说,是"伙伴"决定了星巴克的品牌。

在星巴克,无论是香气袭人的咖啡,还是舒适的空间,都是"人"创造出来的。星巴克认为,企业对员工的尊重与建立客源是息息相关的。就一家咖啡店而言,与顾客的"接点"是很多的,也许其他品牌能够模仿星巴克的咖啡质量和店铺氛围,但是没有人能够简单模仿星巴克的经营策略:始终将独一无二的"星巴克体验"奉为圭臬，刻在心中，给顾客带去感动，吸引他们一次又一次到来。这就是星巴克的个性，也是星巴克的竞争优势之一。

而其中发挥核心作用的不是咖啡，也不是店铺，而是"人"。因为"伙伴"之间有良好的人际关系，所以星巴克的工作环境充满了笑容；因为"伙伴"和顾客之间有着良好的关系，所以星巴克的顾客能够更深刻地感受舒适和感动。

第 3 章　理念共享，目标一致

"创建品牌首先靠的是我们的员工，而不是消费者。这与那些饼干或者麦片公司的做法正相反。因为我们相信，只有聘用和训练优秀的员工，才是满足和超越顾客期待的最佳方法。所以我们一直都不遗余力地培养对咖啡有热情的人。"

——霍华德·舒尔茨，《星巴克的成功物语》（日经 BP 社）

3.1　团结一心

达成共鸣

在词典里，共鸣这个词有"由别人的某种思想感情引起相同的思想感情"的意思。

构成组织的是个人,如果每个人的感情和想法完全不同,那么组织就无法统一。例如,在组织中,部门间的冲突或本位主义会成为问题,这是由只顾自己的利害关系而引起的。

组织要统一行动,个人当然不能只顾自己,每个人的目标必须与作为组织整体的应有状态相一致。而要实现这一点,就必须让个人对组织的思想产生共鸣。

提高组织成员共鸣的方法有两种。

一是对企业的目标志向和梦想产生共鸣。

星巴克的宏伟目标是"成为给心灵带来活力和营养的品牌,成为世界上最知名、最受尊敬、永垂不朽的伟大企业"。

这个梦想看起来似乎超乎想象。但是,不管目标多么远大,组织的领导层必须坚定信念,不断强调目标本身,如此才能奠定整个组织前进的大方向。

二是"对于顾客来说,什么样的个人以及组织的行为才是合理的"。

例如,即便店长极力主张"我们工作的目标是达成预定的销售额,实现这个目标是我们应该履行的义务",但是对于没有指标压力的兼职人员和临时工来说,这样的说法是很难理解的。对于他们来说,顶多会产生一点同情心:"预定销售额与我无关,但是店长很可怜,那就帮帮他吧。"

又例如,店长不断强调说要减少损失,提高工作效率,却也可能会被临时工反驳说："这种事情是你们这些正式员工该考虑的，不归我们管啊"。

只有一个方法能让所有员工都成为一体，那就是从"对于顾客来说"的视角出发。

无论正式员工还是临时工都必须面对顾客的存在。店铺和企业不提高营业额就无法生存，但是利润是顾客带来的。只有"一切都是为了顾客"这一点，才是所有行业、所有工种的共同价值观。

因此，为了让下属员工产生工作的动力，非常重要的一个方法就是：让所有工作的努力方向都指向顾客的满意，用顾客的评价尺度来判断一切工作的好坏。

例如，为什么不能缺货？答案不是因为缺货会导致错失销售机会，而是因为它会让客人白跑一趟——这个问题也是更为严重的。

又例如，为什么笑容很重要？答案不是为了吸引回头客，而是为了让店内的客人心情愉快。

要让员工明白，所有的工作都是为了顾客。让他们站在顾客的立场上考虑工作的价值，应该会发现自己正在从事的工作是多么的重要。

星巴克的"使命宣言"中有这样一句话："永远提供让顾客真正满意的服务"，正是其顾客为本位原则的体现。

企业理念的传播

企业创造价值的表现则是企业的经营理念。经营理念表明了企业经营中的基本价值观、精神和信念。例如,"我们要进行健康的商业活动,珍惜顾客、股东和员工"。

这句话表明了某家企业"想成为这样的企业"的决心,在向外界传达这一信息的同时,也成了企业内部管理的支柱。也可以说是企业的宪法,也是所有员工的共同价值观。

但是,有多少人能记住自己公司的经营理念或者方针呢?如果没人知道,那么再优秀的经营理念也会成为霍华德·舒尔茨所说的"墙上的挂饰"。

企业的经营理念,或者说企业所重视的价值观和精神,只有真正传播到每一个员工身上,成为他们的行动指南后,才能够发挥作用。

为此,首先我们必须用简单易懂的语言来传播企业理念。很多表达经营理念的语言,往往是高大上的,包含了许多书面化的词汇,十分笼统。读来似乎能理解其意,但是很少有那种直击人心的效果,这也是事实。

就像我去听诺贝尔奖得主的课却完全听不懂。必须将经营理念用通俗易懂的语言来表达,这一点比什么都重要。

其次,必须时刻以理念为中心制定方针、战略和行动计划。但是在很多企业，却会出现违背理念的方针，因为他们认为理念只是理念，与现实不同是理所当然的。如果是这样，那么员工怎么可能知道公司的价值观到底是什么呢？

在星巴克，细化后的"使命宣言"成为所有员工的行为规范。

例如，由管理层定期向员工发布的《管理意见书》，以及员工可以自由交换意见的集会——"星巴克之心"。据说，连董事长都来参加过"星巴克之心"，因为"伙伴"们想听听他的想法。

在员工的身边，"使命宣言"随处可见，比如印在员工的 ID 卡上，帮助员工随时加深印象。

就像这样，星巴克让员工在日常工作中反复接受信息，使之成为习惯，从而将"使命宣言"灌输进他们的认知。

当然了，员工也有机会通过公司内部的报刊或者宣传海报接触到企业理念和企业文化核心，但是寥寥几次是无法触动内心的。

按理说，高层直接发出的呼吁最能打动人心，但在生死攸关的经营环境下，不知不觉中人们在企业内部听到的更多是关于业绩和体制改革的话题。

如果要展示公司的理念，将员工的心团结在一起，提高组织能力，那么管理层的领导们就应该以身作则，耐心地向下属员工传达这些信息，或者说将这些信息反复地灌输给他们，令他们不断实践，直到习惯成自然，最终统一他们的行动方向。

同样的话只说一次，员工会觉得"不是什么重要的事情"。重复四五次的话，他们就会开始重视。而到说了十次的时候，在他们心中就会产生"为什么翻来覆去地说这句话"的疑问，并且开始自己思考原因。如此，员工自己就会意识到事情的严重性，在工作中保持对理念和目标的觉悟。

3.2 明确目标，统一方向

目标必须明确

带领日本女子垒球队在悉尼奥运会和雅典奥运会夺牌的宇津木妙子教练说过："垒球是团队运动。如果每个人都随心所欲，那么不管个人能力多么优秀，也不能成为一支好的队伍。相反，即使每个人的能力不怎么高，只要能很好地发挥个性，相互融合，提升作为团队的综合实力，就有可能战胜个人实力更强的队伍。"企业组织也是一样的，就是凝聚团队成员的个性，形成综合能力而得到升华。也就是说，只有明确团队中每个人的动机或者说目标，团队作为组织才能团结一致地行动。

在漫画家乔治秋山的《浮浪云》这部作品中有一句名言："只有决心登上富士山的人才能登上富士山，没有人会在散步时顺便爬个富士山。"人在工作中必须有目标，必须向着目标行动，这是非常重要的。实现目标所带来的喜悦和兴奋正是团队的动力，也是团队行动的原则。

但是，随便的目标也无法成为工作的动力。目标必须有可实现的结果，必须有实现的意义，必须有为之努力的价值。目标也必须是具体的，能为团队中所有人所理解和共享的。

在此基础上，围绕着这样的目标，每个人都明确自己的任务，立下实践的契约。只有整体目标一致，才能建立强大的团队。

如果组织目标模糊，每个人都有自己的想法，那么这样的团队就不可能有组织地发挥自己的能力（见图3-1）。

所以，除了提出目标，作为领导者的一个重要任务就是，必须让员工理解实现这个目标的意义，让他们体会实现目标后的喜悦。

遗憾的是，很多人以为只要做好了月度盈亏和每日预算的报表，提交完了，就算完成目标了。但统一目标不是这样的。只有当工作团队的全体成员都接受了组织目标，把组织目标当成自己的目标，并且做出实践的决定，让它成为努力工作的动力，这个目标才成为所有人共同的目标。

不统一目标，就无法加强组织的整体能力

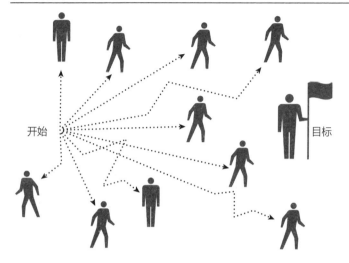

图3-1　团队中每个人目标不一致的情况

明确方针、决定目标、制订计划

我们经常能听到领导在批评下属的时候说"我不记得说过那样的话""你再好好想想"之类的话。一方面事实可能确实如此，但另一方面，如果作为上司从一开始就能明确工作方针，那么结果应该会很不一样吧。

如果领导能够明确方针，那么下属就能够明确自己的行事准则。如此，领导的行动就更有底气，而员工也不会为了到底该怎么做而烦恼，因为他们可以参考方针进行判断。对于言行一致的上司，员工当然会充满信赖和尊敬。

明确方针后，接下来领导者就要决定具体的组织目标，并且制订实际行动的计划。

有句话是这样说的："给你的梦想加上实现的日期。"虽然能拿出方针的人很多，但能将其纳入具体计划的人却意外的少。为了实现目标，必须制订计划并且付诸行动，这就像给你的梦想规定实现的期限一样。

目标和计划是成套的，缺一不可。如果你想登上富士山，不可能直接就开始攀登。考虑到自己的体力和登山的危险性，这肯定不是上策。只能选择曲折的登山道，来来回回转折多次，你的目标从三合目到五合目，再从五合目到八合目，最后才是山顶。也就是说，富士山顶是最终目标，但这一路上还有五合目、八合目这些休息点以及登山道上的每一个转折点，它们都是登山途中的一个又一个小目标。

如果有目标，自然你就会开始考虑该怎么实现它。这就是计划。经营企业也是一样的，为了给梦想的实现定下期限，必须制定实现每个节点的目标和路线。所以，领导者必须及时给予下属具体的目标，让他们明白应该在什么时候完成任务。

制定恰当的目标

管理学家安德里亚·M. 麦克唐纳（Adrian M. McDonough）认为："企业是有待解决的问题的集合体，所谓的问题是目标和现状的差距，没有目标就不会发生问题。"

这句话给了我们在企业管理各个方面都必须牢记的重要启示，同时也告诉我们目标是多么的重要。

实际业务的目标既不是梦想，也和理想不同。它更贴近日常工作。不能混淆目标和口号。如果领导者提出或分配给员工与现状相距甚远的、极其困难的目标，也只会沦为空口白话。

如果是为了培养员工的干劲，那么制定这种目标反而会让他们不战而败。作为领导，这样的做法显然不能说是明智的。

对于兼职工作者和临时工来说，目标太高会成为负担，所以应该让他们从理所当然的目标开始，一边积累成功体验，一边循序渐进地挑战更高目标。不能让他们毫无目的、漫不经心地工作。只要给他们一个清晰的、可实现的目标，那么他们的工作态度一定会改变。

当然了，给予员工目标的方式也很重要。即使是一个非常合理的目标，领导者也不能单方面地命令员工。确实，如果是命令，他们也会遵从，但是一旦员工的内心有无法接受的想法，那么就会丧失努力的积极性。

所以，与其说目标是给予的，不如说是在意见一致的前提下决定的，必须得到员工对实现目标的承诺。经过相互商量,得到对方的理解,促成同意,决定目标——这是领导者的重要工作。

目标使人快乐

一个在公司里向来没什么存在感的员工,在工作上总是提不起干劲,但他打起高尔夫来,竟像变了个人似的,十分努力。到底高尔夫有什么魅力呢?

第一,在高尔夫运功中,每一球进洞前所花的杆数都是有标准的,这对每个球手来说都是同样的条件,也是非常明确的目标。当然,目标明确这一点在其他体育运动中也是同理。

第二,高尔夫运动特有的"差点"规则,能够填补不同水平球手之间实力的差距,让竞赛过程变得更有乐趣。

第三,球手能体会到强烈的成就感。除了标准杆数的目标之外,球手的个人最佳成绩等目标值也很明确,一旦实现了个人目标会让喜悦和快乐倍增。

第四,球手能够根据自己的差点指数和积分来确认自己的进步。练习的成果以数字形式体现,也能激发球手的上进心。

第五,高尔夫运动虽然规则简单,但有很多因素会左右结果,比如天气和球手的身体状况,特别是球手本人的心理状态直接关系到成绩的好坏。另外，比赛的用具也是重要的因素，所以球手对球杆的素材和重量也十分讲究。

高尔夫以外的体育运动都有目标。正因为有目标，选手才会努力去实现这个目标。如果一个人力有不逮，那么就借助同伴的智慧和力量，开动脑筋，搜罗创意，自然而然成绩就会上升。

想象一下没有球洞的高尔夫、没有球瓶的保龄球，没有目标的比赛就没有乐趣。没有努力的方向，就没有干劲。工作也是一样的，没有目标何谈奋斗。

3.3 建设高自律性的团队

打造"足球队"

"服务"的英文是"Service"，其词源是拉丁语词 Servus（奴隶）。服务是服侍、侍奉顾客，但不是阿谀奉承的意思。所谓服务，就是一种"温暖人心、亲切待人的态度"，就是要全心全意为顾客服务。服务并不是由谁来教你怎么做的，也不是按照工作手册就能完成的，更不是因为做完清扫和上架的工作后有空才去做的。服务是一种突发性的需求，如果你错过了时机，它就没有价值了。

所以说做好服务很难。因为在这一点上，个人的主观能动性是关键，如果没有真正为顾客服务的心态和意欲，就无法实现让顾客满意的服务。前文提到过"真实的瞬间（关键时刻）"，而服务讲求的就是这一刻。

很多连锁企业在高度系统化的工作环境下，提供了以功能为导向的服务。但是，随着客户开始期待更高水准的惊喜和感动，他们的心态也变得更加多元化。于是，单纯依靠工作手册提供服务的局限性就被暴露出来了。

除了高度系统化、功能化的服务外，现在人们需要的是情感化的服务元素，因为它能够加深人与人之间的关系，而这是工作手册难以实现的。

如果像棒球队一样，等着教练告诉你该怎么做，那就无法做好真正的服务。员工团队必须像一支足球队一样，立即执行他们认为当下最好的行动方案。星巴克并不是否定工作手册，而是敢于抛弃它，不依赖它，通过自己的判断行动，这才是服务原本应有的状态，也是星巴克的目标。

情感上的服务质量是无法通过工作手册和命令来提升的。它离不开员工为客户奉献的精神、对工作的热爱等因素，也就是说，他们必须对工作怀有一颗积极进取的心。

所以，领导者在充分考虑了"Why"——"为什么一定要这样做""为什么这是必需的"之后，必须要考虑"What"——"具体应该做什么"。如果只考虑"How"——

"用什么方式做",是无法实现打动顾客内心的服务的。

但如果是重视速度、可用性等方面的功能性服务,那么就可以通过工作手册彻底细化这些功能要素,提高服务水平。例如,电力公司或燃气公司提供的服务就属于此类。

工作的"价值"改变人和组织

如果一个人在行动中能够意识到"为什么要这样做""为什么必须这样做",那么可以说,这个人是一个有"干劲"的人。

日语的"干劲(やる気)"在《广辞苑》辞典中的意思是"主动行事的目标意识"。按照这个解释,也就是说,当一个人目标明确,并有强烈的意志去实现它时,这个人就处于"干劲十足的状态"。在这里,所谓的目标就是"为了什么而行动"以及"所希望的结果"。

为了提高工作效率,领导者必须激发员工的"干劲"。怎样才能激发"干劲"?这就需要让员工有"奔头儿"。

这里说的"奔头儿",指的是"做某件事的'价值'"。只有当人们认为值得,才会有动力去做某件事。

然而,事实上,有很多人看不到自己工作的价值。甚至有人肤浅地认为自己的工作没有什么作用,因而看不起它。

美国前总统林肯说过:"世界上没有卑贱的职业,只有卑贱的人。"他的意思是,人对工作的心态才是最重要的。

在迪士尼乐园清理园区垃圾的工作人员是出了名的自豪。如果以消极心态看待他们的工作,那么他们只不过是"清洁工"而已,谁都能做。但他们明白自己在迪士尼乐园中扮演着重要的角色,而周围的人显然也都认识到了这一点,他们得到了顾客们的夸奖和赞美。这些让他们对自己的工作产生了自豪感。

但旁人的认可和顾客的好评都不是一开始就存在的。最初,是他们对自己的工作先有了非常重要的自觉,进而改变了行动,才使得这份工作产生更大的价值。是他们自己先发现了做这件事的意义。

工作可以让人很有成就感,充满骄傲,但反之,工作也可以让人感到无聊透顶,这取决于工作者的心态。

让我来给大家讲讲著名的"两个石匠"的故事。有一天,有人问两个在采石场采石的石匠:"你们为什么而工作?"其中一个石匠回答说:"我每天做的都是无聊的工作,只是为了生活,没办法才工作的。"但另一个石匠却说:"你这个问题问得好。那边在用白色的石灰岩造大教堂,我是在帮忙呢。这工作真棒。"

同一份工作,两位石匠对这份工作的看法却截然不同。这取决于工作者是否承认这份工作的价值,是否觉得它"有奔头儿"。

在星巴克工作的人之所以能茁壮成长,是因为他们清楚自己工作的价值,并且以此为荣。

星巴克流
好员工的培养法

第 2 部分

高承诺人力资源管理

本书的第 2 部分将介绍星巴克的人力资源管理思想和实际教育制度,同时思考什么样的措施有助于提高员工的"能力和干劲"。

――――――

第 4 章　如何将人作为管理资源

"我们相信,只有聘用和训练优秀的员工,才是满足和超越顾客期待的最佳方法。所以我们一直都不遗余力地培养对咖啡有热情的人。我们的'伙伴'们,将满腔热情献给了零售工作,是星巴克咖啡品牌推广的最大力量。他们的知识和热情获得了顾客的好评,并将顾客再次吸引到店里来。这就是星巴克品牌之所以强大的秘密。"

——霍华德·舒尔茨,《星巴克的成功物语》(日经 BP 社)

4.1　人、人、人的管理

人力资源是最重要的管理资源

到目前为止,本书已经探讨了基于使命的管理模式和深化员工对组织承诺的措施。但是，如果想让员工自强不息地磨炼和提升自己的能力，从而提高顾客的满意度，那么只靠使命是远远不够的，无论这使命有多么伟大。

CS（Customer Satisfaction，顾客满意度）来自于 ES（Employee Satisfaction，员工满意度）。换言之，如果没有能让员工充满热情地工作的环境，如果不能让他们在工作中感觉到意义，那么他们就不可能招待好顾客，当然也不可能让顾客满意。

这不是最近才出现的认知。然而，真正做到这一点的企业却不多。星巴克首席执行官奥林·史密斯（Orin Smith）说："大多数美国企业都把股东利益和股价放在第一位，但星巴克相信，'人'是我们最重要的资源。"

星巴克没有把员工当成消耗品，而是通过创造一个人人都乐于工作的环境，来吸引最优秀的人才，实现符合企业自身使命的目标。

星巴克重视员工的方式之一，是将一部分兼职员工也纳入企业缴纳社会保险的范围。

20 世纪 80 年代末，为了抵御经济衰退，许多美国企业不得不削减成本，其中的一项措施就是降低员工的福利待遇。但星巴克却反其道而行之，为每周工作 20 小时以上的"伙伴"推出了健康保险制度。

霍华德·舒尔茨说:"如果你把员工当作家人,他们就会老老实实地工作,尽心尽力地做好自己的一切。公司支持员工,员工就会支持公司。"他对员工福利的重视程度在同行业中几乎可以说是绝无仅有的。

星巴克是"与人打交道的生意"

霍华德·舒尔茨将星巴克的业务定义为"People Business",即与人打交道的生意,他说:"与顾客直接接触的'伙伴'是星巴克最重要的存在"。

这也是为什么星巴克如此重视人的原因,正如本书的第一部分中所解释的,因为星巴克认为,只有在星巴克才能获得的体验(Starbucks Experience),是保护和发展品牌所不可或缺的要素。

其实,顾客的满意度是由他们在店内获得的体验所决定的。一家店铺可以在一瞬间吸引顾客,相反,也可以在一瞬间失去他们的信任。而星巴克将这些重要的时刻托付给了"伙伴"。

不重视"伙伴",就无法提升服务水平。星巴克之所以能够实现"星巴克体验"的关键在于"人的服务",而不是谁都能模仿的店铺装潢或者咖啡味道,这也是星巴克建立竞争优势的重要因素。

"人的服务"并不是指优先考虑效率和准确性的刻板工作,它重视的是人与人之间的互动和沟通,是"伙伴"理所当然的认可和接纳,自愿自主地招待顾客,而不是仅仅局限在礼仪的层面。这是星巴克之所以与众不同的主要原因,也是它的核心竞争力之一。

创造一个充满活力的工作场所

本书的开头提出了一个问题:"为什么星巴克的员工好像很喜欢工作?"这个问题的答案可以概括为前文所述的两点:"星巴克所信奉的价值观得到了员工的共鸣和认同",以及"星巴克通过员工对组织目标的坚定承诺,实现了员工和企业目标的一致性"。为此,星巴克拥有一个优秀的人才培养制度,而这个制度又具备三大原则。

①没有标准化

去过星巴克的人都会发现,这里的员工在仪表方面拥有相当大的自由:可以戴不超过一只的穿孔饰品,允许留胡子,甚至允许染棕色的头发。只要不是不体面的,没有超过正常审美范畴的,星巴克允许员工保持外表上的个性,因此没有既定的规则。另外,员工在接待顾客时所使用的语言,从"您好"到"欢迎光临"实际上也是多种多样的。

这就是星巴克的信念,星巴克的服务不是千篇一律的,而是个性的体现，同时，这也表现出星巴克欢迎具有不同外表、不同个性的顾客，尽力满足所有顾客要求的诚意。从咖啡的种类、制作方式到饮用方式，在这些细节上，星巴克也能满足顾客的各种需求。

除了咖啡师手中的配方外，"伙伴"们不需要遵循任何手册的规定。所有的"伙伴"都应以主人翁的姿态参与到店面的管理中来，独立思考、独立判断如何让顾客满意，让顾客知道星巴克是一个特别的地方。

因此，星巴克特意将"应该怎么做"的答案标准化。

② "伙伴"之间互教互学

星巴克没有指导如何接待顾客的工作手册。因此，本着"星星技巧"提倡的"有困难时要求助"的精神，"伙伴"之间会互相帮助，互相教导。

这时，正如"使命宣言"所提倡的那样，每一个"伙伴"都应该尊重彼此，设身处地地为彼此着想，做彼此的老师。

在星巴克，没有所谓的正确的客服技巧。学的一方要学习的，不是"为什么这样做比较好"，也不是所谓的小技巧、小聪明，而是"做什么重要""为什么重要"；学习心态而不是行为。同时，通过教学，教的一方也在不断重复教学内容的过程中进行着自己的学习。这种思维方式也与培养主动学习的精神有关,后文将详细介绍。

③及时回应每个员工的要求和建议

这一点也非常明显地体现了星巴克"使命宣言"所提倡的多元化精神。星巴克尊重员工个人的想法和独立性,对待员工采用的是先听后判的态度。很多连锁店都将门店与总部之间的关系比喻成"又细又长的线",但在星巴克,这条线却变成了短且粗的信任关系。

例如,星巴克制定的"伙伴意见卡"制度,让员工可以自由地书写和谈论自己在工作上的需求和对新产品的想法。总部要在收到该卡的两周内做出适当的回应。每月会有数千名"伙伴"提交近百张意见卡,星巴克的管理人员都会认真阅读,并向他们反馈。

有的企业对员工的意见不做回应,而星巴克认真严谨的反馈就会让"伙伴"们感觉到自己的意见在店铺的管理和经营中得到了体现。这种实际体验是信任关系的重要组成部分。

霍华德·舒尔茨在一次采访中说:"最好的关系就是相互信任。重要的是要有一种氛围,让员工觉得他们可以讨论任何问题,包括任何不满。我们星巴克就有这个氛围。"

换句话说,星巴克的人力资源管理有三个原则:①强调"独立自主",重视"员工的想法",而不是像学校那样把知识塞给员工;②强调"互补关系",让员工互教互学,教学相长;③强调"倾听的态度",所有想到的事情,努力加强信任关系。

虽然创造一个让"伙伴"们感到舒适的工作环境极为重要,但这种被给予的环境最终会被当成一种理所当然的权利,即便工资翻倍也不能让他们加倍努力,因此,领导者不能指望工作环境能作为激励员工保持干劲的因素而产生持久的效果。

激励员工的关键是让工作变得有"价值"。工作有价值,员工才有干劲,有干劲才会有主动性。

那么,所谓有价值的工作具备哪些要素呢?要让员工认识到,工作不只是提供劳动赚取收入,而是一件快乐的事。那么,怎样才能让工作变得快乐呢?答案包含以下几点:①拥有一致目标的凝聚力;②激发凝聚力的沟通和交流;③通过实现目标获得的成功和自信;④以自己的方式完成工作,对权力和责任的平衡;⑤从他人处获得的认可和赞赏。

为此,我们应该有一种团结的意识,共同分享这几个目标,共同面对。

4.2 鼓励员工独立自主

"意识"的重要性

星巴克所有的人力资源培训有一个共同点,那就是从不会单方面地传授知识，而是要求"伙伴"独立思考，建立认同感后自主行动，强调的是培养"意识"的重要性。星巴克希望"伙伴"能够拥有强大的独立精神。

培养独立意识需要很大的耐心。员工只听从命令，不理解行为的出发点，是无法培养独立性的。

这不是一个下达指示或命令后让员工服从的问题。相反，星巴克鼓励员工自己思考为什么要做某件事的答案，在他们认可这个答案之后再采取行动，这就逐渐让员工看到了独立的可能性。

星巴克没有给每个门店指派全职的培训师，而是把员工培训交给现任的店长，原因就是店长从同样的视角与"伙伴"交谈，更容易与他们产生共鸣。很多企业都认为员工培训就是制定某种"应该这样做"的标准，并且训练员工学会按照标准行事，但星巴克完全不认同这样的培训方式。后文将会介绍星巴克培训制度的细节。

星巴克认为，人力资源培训的主体不是教的人，而是被教的人，如果被教的人不能很好地理解"应该做什么"和"为什么应该那样做"，那么单纯教工作的技术就毫无意义。

除了在培训中之外，在日常工作中，星巴克也不会单方面地设定什么是好、什么是坏。也不会用工作手册来检查什么是对、什么是错，要求员工找出错点并且改正。在星巴克，培训并不是以"纠正"结果为主的,而是为了帮助员工理解他们行为的原因、动机和目的,也就是所谓的"让员工形成独立自主的意识"。

对于教的一方来说,重要的是倾听教学对象的话语,设身处地为对方着想,设计与对方交流的方式,鼓励他们形成独立意识,引出他们潜在的能力、优势和工作的动力。这种做法在星巴克似乎已经根深蒂固。

在教学中发现新的自我

与传统的企业员工培训相比,星巴克的这种对员工的教育方式对于教学者也有着深刻的影响。在教人如何工作的过程中,他们看到自己所教的人逐渐成长,取得成绩,自然会对自己的教学成果感到欣慰。当学习者为此向他们表达感谢时,他们也会为自己所做的事情感到骄傲。星巴克的教育模式有一种力量,它能让教与学的双方产生更多的情感,而不仅仅限于教与被教的关系。

例如,星巴克创造了一种欢迎"求助"的文化,鼓励伙伴们积极地互相帮助,这也是"星星技巧"中的一个环节。因此,即使是在教导别人的时候,员工也会认为自己的行为比起教育更是在帮助对方成长,因此,他们也愿意响应这种方式,而在这种潜移默化中,星巴克也达到了教育的目的。

在我对星巴克日本的采访中，有一点特别让我印象深刻。有位"伙伴"告诉我："在星巴克工作后，你会惊讶地发现一个全新的自我，'原来我也可以对人这么好'。"这也是"星巴克体验"中的一部分，即"关心他人"的心情，这是可以通过教育和其他活动灌输的经验。

"伙伴"们通过工作不断体验新发现的同时，顾客看着星巴克的员工愉快地工作着的模样，也能体验到另一种意义上的新发现。

星巴克的组织文化是由每个参与星巴克的人的体验积累而成的。

在星巴克的服务中，这种企业文化随处可见。客服工作不是强颜欢笑、不是墨守成规、不是唯命是从，也不是阿谀奉承。他们不会磕磕巴巴地用那些说不惯的话去和顾客打招呼，不会被僵硬的规章制度所束缚，而是以非常自然的方式对待顾客，表达关心和诚意。比如冬季的时候，店内空间太大，暖气有时候不容易起作用，于是不知何时，椅背上开始出现貌似随意放置的毛毯——这恐怕也是来自于"伙伴"们的善意。

成为一个"学习者主导"的学习成长型组织

为了营造危机感和紧张感，煽动部门间或同事之间的竞争意识，激发工作的积极性，很多企业都会给员工设定很高的目标，并且把是否实现目标作为考评的标准，用晋升机会和绩效评价来威胁他们。

过去在教育方面，企业忽视了对人才的培养，认为"工作不是教出来的，而是员工自己'偷师'学会的"，因此逼迫员工自己提高技能。这其中丝毫没有体现任何为建立自律型组织而鼓励员工互相帮助或激励员工学习意愿的态度。

然而，如果企业不把对员工的教育当成投资，而把它看作成本，那么就无法形成理想的教育体系。因为在这种思想下，即便企业有专门的教育制度和计划，一旦到了一个财年结束的时候，面对岌岌可危的销售成绩，教育培训的费用往往和应酬费用、广告宣传费用一样，是首要削减的对象。令人意外的是，这样的企业数量庞大，其中有些企业甚至多年来一直没有让员工满意的培训项目。系统地、持续地进行培训是很重要的，偶尔为之的一次性培训不会有效。有些企业甚至认为员工教育本身就是浪费时间和金钱："让员工懂那么多干什么？"

如前文所述，星巴克认为自己经营的是"与人打交道的生意"，"人"就是星巴克的财富，是星巴克最重要的管理资源。实际上，霍华德·舒尔茨也在一次采访中说过："企业的生命就是它的员工。"

在教育领域也是如此，在考虑投资或经费之前，首先星巴克想到的是：如果不培养"人"，那么就不能为客户提供星巴克体验，也无法实现星巴克的成长与发展。

星巴克的员工教育没有把在组织中工作的个人当作需要培训的对象，甚至没有把他们当作生产业绩的"员工"，而是将他们视为共同经营事业的"伙伴"，以他们为主体提出教育方针。在"学习者主导（Learner Driven）"思想的指导下，星巴克的员工教育具有十分周密的体系和结构。

所谓"学习者主导"指的是激发学习者的积极性，培养他们成为自觉的学习者，实现个人进步。

星巴克的人才培养，不是将知识单方面地给予或者强加给学习者，而是更重视培养学习者主动学习的意欲，以及主动发现有待解决的问题的能力，促进其行动的独立性。星巴克的培训项目，正是以上述目的为前提而开设的。

这不是指示型的教育方式，而是用"这样做的话应该能得到顺利的结果，你认为怎么样"的引导方式来促使对方产生问题意识。

另外，星巴克也鼓励员工本人对自己的优点有所自觉，用自己的想法寻找更好的工作方式。即便失败了，星巴克也认为，从失败中获得经验教训是更为重要的，在员工的周围已经形成了足以容忍失败的企业文化。在这样的思想基础上，星巴克所建立的教育体系不仅要求员工掌握"How（怎么做）"，还要明白"Why（为什么这样做是有必要的）"的部分，最终让员工自己意识到"What（应该做什么）"。

4.3 因材施教

使命在教育中延续

无论是脱岗培训项目还是日常运营中的岗上培训，星巴克的人力资源开发都不是简单地将员工分为教学者和被学习者，星巴克的目标是建立一个重视学习者主动学习的组织，向员工灌输"学习"的意识，让他们产生学习的动力。

星巴克认为，所有"伙伴"既是学习者，同时又是教学者，教学双方应该通过双向学习建立相辅相成的关系，提升彼此的能力。

这种人力资源开发理念的基础依然是"使命宣言"所提倡的精神，即应该以尊重和信任对待彼此。

星巴克从来不会因为觉得员工不够优秀或者没有能力而放弃他们，而是教育员工相信彼此一定能够做到。

告诉"伙伴"们："你能做到！你一定能做到！"帮助他们树立信心，鼓励他们行动起来，努力工作。员工有信心，才会更加努力，也才有底气冲向更高的目标。

人永远不知道自己的能力何时才会开花结果。俗话说"茅塞顿开，醍醐灌顶"，意思是因为某些奇妙契机，突然就明白了事物的真相和本质，人的能力也可以说是这样的吧。

据一位训练过奥运选手的教练说："运动员的能力发展的轨迹并不是缓慢上升的，而是突然有一天就实现了巨大飞跃，仿佛冲破了一堵墙。所以教育需要耐心。"

一个人无论多么努力，如果有很长一段时间看不到任何成长，那么就很可能会放弃。曾听到有些企业领导叹息："无论教多少次、重复多少次，说得口干舌燥，结果都不尽如人意。"但是，千万不能放弃，只要有耐心，一定会等来相应的成果。

日本女子垒球队的宇津木妙子教练说过："如果你对一个人是认真的，如果你真诚地想表达自己的想法，那么就必须把它说出来，并且采取行动。有时对方可能不会接受，有时可能会拒绝你。但是只要你的想法是真诚的、恳切的，那就一定能获得理解。也许不一定能得到你想要的结果，但至少你的热情和真挚会让人感动。"也就是说，只有教学者满怀诚意，才能够感染和激励学习者。

下一章将介绍星巴克具体的培训方法，读者可能会感到这个过程十分漫长，但教育是培养员工，支撑企业发展，并且决定企业文化的重要因素，所以在"人"的培养上，企业坚决不能偷工减料。

员工教育中的企业教练技术

每个人都有优点和缺点。虽然内心都知道应该多关注别人的优点,但不知不觉间我们的目光却总是落在别人的缺点上。

上司在观察下属工作的时候,往往指出的都是问题,比如动作太慢了、商品摆放不整齐、说话不礼貌等。

诚然,这其中有的人是出于对下属的关心,狠下心来责骂和纠正对方,但也有很多管理者或培训者可能已经成为令人讨厌的检查员了。

"完美"的人是不存在的。每个人都有自己独特的个性,管理者既要提醒他们注意自己存在的问题,也要赞美他们的优点,从而令他们的优势得到充分的发挥。

查尔斯·施瓦布(Charles Schwab,伯利恒钢铁公司创始人)说过:"我见过世界上形形色色的大人物,但从来没有见过他们当中有谁能够在被批评的情况下比在被赞美的情况下更好地工作。"

赞美会给人信心,让你觉得自己可以成功。当你觉得能够做好自己的工作,并且看到自己的工作成果时,这份工作就会变得更加有趣。如果你的工作变得有趣,那么你就会有动力去做更多的事情。这就是"干劲"。星巴克在员工教育上的目标就是把这种心态教给"伙伴"们。

在星巴克，企业教练技术被作为一种沟通技巧来培养员工，它是星巴克员工教育体系的一个重要组成部分。

简单地说，企业教练技术就是关注被辅导者的优点，利用其个性，通过行动和言语上的影响，引导或唤醒其能力。具体方法是，首先要承认对方的存在本身，其次通过观察、倾听、理解、信赖和委托的方式，让对方发挥优点，唤醒其潜在的能力。

如此，星巴克本着"使命宣言"的精神，建立了一套融入企业教练技术理念的员工教育体系。

第5章 人力资源培养的教育体系

"如果我们仅把员工视为成本中的一项开支,那么就不可能实现自己的目标和价值。对此我们认识十分深刻,他们的激情和贡献是星巴克的第一竞争优势。"

"企业家必须在企业初创阶段就反复向组织灌输企业的文化、价值观和指导原则,因为这样才能决定企业的经营方针、雇佣和管理策略的基调。无论你是企业的CEO还是中层领导干部,你每一天在工作中做的最重要的一件事情就是与同事交流你的价值观,特别是新来的员工,这会起到启蒙的作用。不管企业规模如何,奠定正确的企业文化,对于长期的成功至关重要。"

——霍华德·舒尔茨,《星巴克的成功物语》(日经BP社)

5.1 核心课程

"伙伴"的培训方法

在快速扩张门店网络的同时,星巴克也非常注重员工培训,以保证门店的水平不会下降。对于门店经营的关键,即店长,星巴克培养的人数是其计划开店数的将近两倍。也就是说,如果一年计划要开五十家店,那么星巴克就要培养一百名候补店长。

有些连锁品牌随着开店速度加快,员工的教育体系跟不上新店开张的速度,只好由临时上任的店长和为了救急而招募的兼职员工或临时工来经营,结果从开业伊始就不断地收到顾客的投诉。与此相反,星巴克则是根据开店计划对咖啡师和店长进行系统的培训,以确保这种情况不会发生。

星巴克人力资源开发的一个重要组成部分是一个名为"学习旅程(Learning Journey)"的培训项目(见图5-1)。

星巴克聘用的所有员工,无论是全职还是兼职,都要经过同样的培训。高管们也不例外。

培训计划中的每一个模块被称为"课",其内容在全球范围内基本相同,但星巴克日本对部分内容进行了本土化改造,融入了自己的创意。

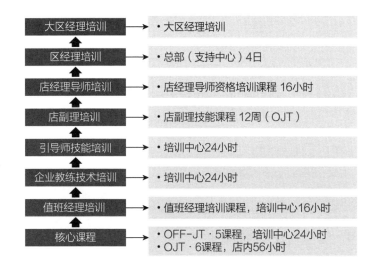

图 5-1　星巴克日本的人力资源开发步骤

员工入职后体验的第一课名为"第一印象（First Impression）"。在这个课堂上，新员工将和店长一起参观店铺（视察店铺），亲眼观看店铺的情况，感受现场的氛围和具体的工作内容。

第一课之后，员工会进入被称为"核心课程"的全面训练。核心课程包括11节课：5节OFF-JT（脱岗训练）课程和6节使用模拟店铺进行的OJT（岗上训练）课程。

脱岗训练课程首先开设的是"星巴克体验"，然后是"咖啡交流"，让学员了解星巴克出售的不同种类的咖啡，了解咖啡的特点，如何购买和烘焙咖啡豆；以及"简洁服务"，让学员通过角色扮演，学习星巴克式简洁服务的精髓。

"学习旅程"不是简单地"先通过脱岗训练获取知识，然后进入岗上训练"，而是两者交替进行，帮助学员理解各种工作内容的重要性，同时掌握各项技能。总培训时间为80小时，平均需要一个月至一个半月的时间。

星巴克的教育思想

星巴克员工培训的每门课程都不会以片面讲授的方式，得出"应该这样做或那样做"的结论。

基本上，这些课程更重视"Why（为什么一定要这样做）"的部分，它们不是通过教员口述，让学员听懂，而是向学员抛出问题，鼓励他们思考，提出自己的意见和想法。

例如，在最开始的脱岗训练"星巴克体验"上，学员被要求回忆自己的经历，并在卡片上写下一件让自己感动的事情，无论什么事都可以。学员们随后介绍自己的经验，互相交换意见，品味感动顾客的美好，并逐渐产生愿望：希望成为能够带给人感动的存在。

又例如，在观看一段客服案例的视频后，学员被要求思考自己对这个案例的看法。"星巴克的做法是这样的，你觉得怎么样呢？"通过这样的方式引导学员产生共鸣后，下一步是第二个引导式的提问："那么你觉得具体应该怎么做才能达到这个效果?"循序渐进地带领学员接近问题的核心。

在课堂上,学员们还会讨论如何将自己的想法带回工作岗位,并且使之在工作中得以体现。在这种情况下,课堂不是演讲式的形式,而是一种参与式的研讨会,多名参与者在聆听一个主题下各种观点的同时分享自己的意见,而在这个过程中,他们逐步建立起了对星巴克所坚持的价值观的共鸣感。

所谓的研讨会,并不是一个单方面听课和学习的地方,而是让参与者主动组织讨论,提高自己的问题意识,并通过积极地与多方的交流,激发自身获得新的"认识"。

作为企业培训计划的一部分,研讨会旨在让员工们认识到"发现新的问题、制定新的目标以及主动采取行动的价值",让他们理解"这不是一个既定的目标,而是自己思考后决定的事情",从而鼓励员工独立思考和行动。

研讨会不会试图强加给所有人一个单一的答案。所谓的答案将由与会者通过讨论来决定。星巴克强调这种方法的重要性,因此没有"唯一正确的答案"之说。即便如此,作为组织,星巴克也有强大的团结力,这是因为"使命宣言"奠定了一切的基础。

星巴克的培训课程中,学员是主角,因此没有任何强制的氛围。后文会介绍"引导师"的作用,即为参与者创造一个舒适的讨论空间,让他们分享自己的观点,同时体验星巴克的沟通方式。

通过这11节培训课程,员工个人将对企业和组织产生一种强烈的一体感,感觉自己已经深深地融入组织集体中。

与一般的企业教育的区别就在于此。很多企业在培训时不讲原因,不讲目的,却把更多时间花在教工作的手段和方法上。

星巴克当然也对员工进行岗位培训,也会教给员工如何开展工作的方法论,但在此之前,星巴克要确保将其作为品牌所珍视的价值观和信念牢牢地植入员工内心。星巴克相信,只要员工能够正确理解这些价值观和信念,企业上下一心,目标一致,那么就根本不需要手把手地教育员工,每个人都能想到正确的工作方法,并且顺利地付诸实践。

5.2 引导师与企业文化基因的传承

引导师的作用

核心课程中的脱岗训练由具有企业内部认证的"引导师"负责。

引导师本身是在门店或支持中心(总部)工作的员工,他们自愿参加专门的引导师课程并获得资格,但他们不是专职的教育者，只是在开课时作为负责人帮忙。

一般来说，教育负责人的主要作用是教授知识和技能，就如同训练员一般，但星巴克的引导师会优先考虑参加者的心理活动和状况，尊重他们的感受，帮助他们自己思考、认清形势。在星巴克，强制性的教育是不存在的，引导师也不会单方面地指定某个学员发言。

引导师不会试图用"就是这样"的片面解释来说服学员，而是通过提问来引出他们的想法，比如"星巴克是这样想的，你觉得呢？"

如果学员对此表示认同，接下来引导师就会问诸如"那么，你认为具体怎么做才能达到这个效果"之类的问题，通过提问逐步将学员带入具体内容。随后，引导师还会征求其他学员的意见，询问他们对上一位学员的答案有何看法，促成参加者的意见一致。引导师在任何情况下都不会有决断性的自我主张，而是尊重作为主角的参与者的想法，专注于如何巧妙地引导他们发表意见。

星巴克日本的员工中也有很多是从家庭式餐厅跳槽过来的，他们常常因为自己至今为止所经历过的管理风格和星巴克的风格相差太远而感到困惑。

一般的连锁餐厅更多的是单向的管理方式，其教学方式也是指令型的，不要求员工自己思考，只要照做就行。因此，这些跳槽过来的员工一开始不习惯星巴克鼓励员工养成自主意识的做法。

引导师具有强大的耐心和毅力，即便在情绪化的时刻也会压抑自己想说的话。为了不打击员工本人的干劲，引导师会指出其优点，给予鼓励。结果是，不仅学员的潜力得到发挥，进步超出预期，而且，其作为引导师的能力也因此而逐渐成长。

用星巴克日本当时的首席执行官角田雄二的话来说："引导师是传递星巴克企业文化基因的存在，作为改变员工思维和习惯的关键人物，承担着至关重要的作用。"

如果引导师的引导出现错误，那么就可能会带给员工完全不同的价值观，培养出意识水平有差距的人。而对于没有工作手册的星巴克来说，对员工的价值观和意识形态的植入是非常重要的，一旦这些原则不能达成一致，那么团队的凝聚力和团队合作精神就会被破坏。

因此，引导师在星巴克的理念和思想传承上起到了重要的作用。对于星巴克来说，把这个任务交给在任的店长和"伙伴"似乎是一件非常需要勇气的事情，即便这些人已经具备了引导师的资格认证。

不过，也正是因为引导师是平时就在店里工作的人，而不是专职讲师，所以他们与学员的沟通可能更为有效，也树立了每个人都既是学习者也是教学者的榜样。

引导师所需的技能

再次重申,星巴克极其重视人力资源开发,并在这方面投入了大量的时间和资源,尤其对引导师有较高的要求。引导师必须具备高超的引导技术,因为他们负责在员工入职初期传达星巴克崇尚的价值观和思想。

引导师的行为即为"引导",这是一个"将多种信息和观点整合成一个总结性的、具有相互关联的,以及容易理解的结论的过程"。引导师的作用就是结合以下三个要素,引导这个过程达到正确的目标或结论:①对项目和业务等的了解;②取得成果的方法技巧;③随机应变的能力。

这个概念可能很难理解。我们可以用船长来打比方。首先,他们具备了航船的技能,懂得在判断周围情况的同时,引导船只驶向目标;其次,他们会给水手们讲解周围的环境,有时为了缓和气氛还会唱起船歌,有时又会告诫和提醒水手们注意各种状况,以防遇到危险,确保所有人最后平安到达目的地。

引导师是一场会议的主席,是负责人也是活跃气氛的小丑,是教练员也是领导者。引导师必须具备的关键技能是促进参与者形成共识、引导正确方向的沟通技巧。

必须正视的一点是:引导师不能仅仅是一个附和者。引导师的最终目的是让参与者接受企业的理念和组织目标,并对此建立遵守和拥护的承诺。错误的引导只能造就一群惺惺相惜的失败者。

为了获得引导师资格，候选人必须参加 40 个小时的引导师培训课程，培训主题包括星巴克的商业、咖啡、门店运营等多个方面。此外，候选人必须在每月的认证考试中通过与各个主题相关的演讲考试和面试。据说合格率约为 50%。如果没有通过认证考试还可以继续挑战。另外，星巴克的引导师资格认证也对兼职工作者开放。

通过考试后，引导师会参加一个为期 3 天的研讨会，主要学习引导师必备技能。

星巴克还会从那些积累了一定成绩的引导师中选拔星级培训师，目的在于激励引导师提高水平。

2001 年年底，星巴克日本的 300 余家门店约有 100 名引导师，而目前门店数量已经达到 500 家，活跃在一线的引导师也超过了 160 名（截至 2004 年）。

5.3 人才培养的支持体系

人才培养的步骤

新员工完成核心课程的学习，正式到店上岗后，下一步的目标就是成为"咖啡师"，即星巴克的饮料制作师。

咖啡师必须是一个精通咖啡豆各个方面的人。无论是正式员工、临时工还是兼职人员,都可在完成几十个小时的专门培训后获得咖啡师的资格。

之后,"伙伴"们将继续通过"实习生""绿色豆""黄色豆""肉桂烘焙""城市烘焙""星巴克烘焙"等七个等级,一步步地提升。这七个等级是用咖啡豆的烘焙度来比喻的。

整个过程中依然是脱岗训练和岗上训练交替进行,员工的技能熟练程度由其本人的上级管理者进行评估,以确保其技能稳步提高。

在积累了一定的咖啡师经验后,员工的下一步目标是成为值班经理(SSV)。SSV 指时间段的负责人,当店长不在店内时,由他们负责管理店铺。值班经理培训计划中包含了专门为值班经理开发的课程。

虽然值班经理的上一级职位就是店长(店经理),但是一个值班经理不能直接升为店长,而是必须完成店副理培训,先成为店长候选人,即店副理(RMT)。

作为店长候选人的店副理由具备星巴克认证的店经理导师(MCM)资格的店长进行指导。

店经理导师和引导师一样,都是星巴克内部的资格,是针对在任店长的认证。不过,并不是所有的店长都具有店经理导师资格，只有经过一定培训的店长才有资格成为店经理导师。这一点也和引导师一样。

店经理导师不直接在自己的门店指导店长候选人，而是像做家教一样，去其他门店指导该店的店长候选人。

之所以特地去其他门店培训店长候选人，是因为如果留在自己店内，店经理导师往往会不由自主地优先考虑自己在门店的工作，这样就很难集中精力去培训别人。

例如，作为店长的店经理导师在对下属员工进行教学时，正好收银台前的顾客排起了长队，这就难免会让他们分心，有可能导致他们怠慢了重要的培训。因为两者不能兼顾，所以不如准确地划分身为店长的工作时间和身为店经理导师的时间。

接受店经理导师指导后的店副理的工作情况，会被报告于该名店副理的直属上司，即店长。报告内容十分详尽，包括店长、管辖该门店的区经理（负责监管地区门店），以及店经理导师的管理者即星巴克总部的学习与发展主管（LDL），都会在经过深思熟虑后，对每一个店长候选人，就现阶段的表现给出评价，并且建议下一步的发展目标。

因此，这个培训计划需要半年时间才能完成。星巴克拥有与店副理相同人数的店经理导师，是以一对一的形式，投入大量时间，循序渐进地培养门店经理（见图5-2）。

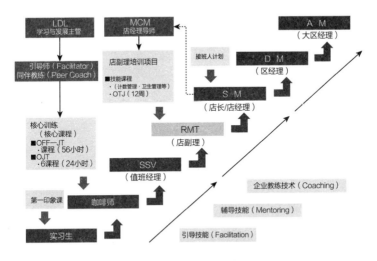

图5-2 星巴克的职业发展

店长对店员的现场教学

门店内,员工教育也在继续。某位女性店长在接受采访时表示:"每个人的记性都不一样,记忆的速度和方法也不一样。对于我们的'伙伴',我会先做个评估:这个人是怎么记东西的?一次能记住多少?记住以后又能做到什么程度?然后我会密切关注这个'伙伴'的工作情况,如果做得好,我就表扬,有不足的地方,就提出建议。"就像这样,店长会仔细观察每个店员的个性和行为方式,坦率地表扬他们的优点,但也不会不分青红皂白地批评他们的缺点,而是把他们的感受和心态放在第一位,给予他们支援性的建议。

为了在日常工作中落实这种教育方式，店长需要思考店员在想什么，处于什么阶段。他们是既缺乏知识又缺乏技能，还是虽然有知识但是没有技能？他们擅长听觉记忆，视觉记忆，还是通过行动来记忆？这就要求店长具备较高的企业教练技能。正所谓"因材施教"，年轻的星巴克伙伴们能够做到这一点，真是让人佩服。

另外，店长们在入职星巴克时参加的核心课程及专业课程中学习过的知识，会在对店员的指导和培养上发挥作用。比如，某位店长是这样说的："首先，我要向他们解释我们要做什么。接下来，我会对他们说，'看看我是怎么做的。'我会以身示范，然后让他们试一试。对于他们尝试的结果，我会给出评价和建议。"这样的行为恰恰体现了企业教练技术的关键："做给他看，说给他听，让他尝试。若不给予赞美，人不会主动。"

从早期阶段就开始培养企业教练

星巴克从员工入职后的早期阶段开始进行企业教练技术的培训，而不是只培养达到某个级别的人。让员工尽早开始学习，然后马上把所学的知识教给下一个加入他们的人。具体来说，员工会在加入星巴克后的两到三个月内，参加同伴教练模块的学习。

企业教练技术是一种以人际关系为焦点的高难度技能，很少有在企业的整个范围内采用这种技术的例子，因为大多数企业都会担心员工受到错误的激励、走向错误的目标，或者围绕着一套与企业的价值观不同的理念建立共识。

然而，星巴克却不惧怕这些可能性。不仅如此，它还拥有根深蒂固的、宽容对待失败的企业文化。

即便有一些员工可能会将努力集中在非预期的方向上，但在星巴克的这种企业文化中，无论是这些员工还是辅助他们成长的人，都会承认失败的事实，并且将从中学到的经验教训分享给彼此。他们之所以能够做到这一点，是因为星巴克在"使命宣言"中传达了这样的理念：要以尊重和信任的态度对待我们的"伙伴"。

遗憾的是，我没有掌握同伴教练和引导师的专业资格培训的详细情况。总体来说，学员需要参加一个为期两天的课程，名为企业教练技能研讨会，通过角色扮演等活动学习相关知识。但企业教练技术不是靠几天培训就能学会的。通过课程学习的是基本的概念和理念，实际上，学员必须在日常的工作岗位上，在被指导和指导他人的过程中，一点一点地学习和掌握这项技能。

与星巴克的工作人员相处过就知道，他们已经养成了一种基本的倾听的态度，待人接物总是站在对方的立场上。星巴克通过企业教练的方式不断培养出更多具有这种心态的人，从而创造出以人为本的企业文化。其实，企业文化之所以难以改变，就是因为没有所谓的理论——该教什么呢？什么是标准答案？只能靠每个人改变自己的意识。

星巴克虽然有各种内部认证的资格制度，比如引导师、同伴教练、店经理导师等，但这些并没有直接体现在评价和薪酬体系中。虽然获得这些资格后通过指导他人可以增加自己的资历，促使作为评价体系中的一环的胜任力得到提高，进而获得薪酬增长的结果，但这只能算是间接的结果。

也即是说，员工获取这些资格是出于自己的动机和志向，而不是"为了涨薪水去考个证吧"。

那么，既然这些资格并不与薪酬直接挂钩，想要考取它们的人是否就少了呢？并没有。对于员工来说，承担起指导他人的角色是一种挑战，这会激励他们变得更加主动。而且，周围的同事也会鼓励他们去尝试，耳濡目染之下，员工自然而然就会产生获取资格的积极性。

取得资格，指导他人，积累新的经验，提高自身水平。激励"伙伴"实现自我价值，激发工作动力——这就是星巴克式人才培养的一大特征。

区经理对门店的支持

星巴克日本将日本全国划分为若干区域，再将区域划分为地区。

每个区经理平均负责 6~7 家门店，分析每月的"顾客快照"（类似于神秘客调查的报告）数据，并且对门店进行培训和指导。区经理会议每月召开一次，会上各区经理共享信息，确定门店运营的整体方针。参加会议的包括星巴克的总经理、专务董事、门店运营经理和大区经理。

另外，星巴克还会将过去工作中的"最佳实践"（如成功案例和模范活动等）挂在内网公告栏，或者存入共享文件夹中，实现信息共享。各地区的负责人随时都可以调取，作为参考来解决所管辖门店的问题。

星巴克认为，所谓的管理人员不是解决问题的人，而是去教员工如何解决问题的人。区经理和监管人员的工作理念是：问题的答案总是在门店现场，而我们是来倾听答案和确认答案的。

职业发展

职业发展是指企业帮助员工根据个人的未来目标发展道路制定的规划和制度，也是员工在相关岗位上积累经验、提高技能的过程。遗憾的是，在流通服务行业，似乎很少有企业在开发人力资源时考虑到职业发展。

星巴克的职业发展具有更加多元化的选择途径。

新入职的"伙伴"在完成核心课程的学习后，会被分配到全国各地的门店，基本上这些门店都在他们住所周边的通勤范围内。星巴克的职业发展的基本模式是这样的：值班经理（时间段负责人）→门店经理（店长）→区经理（负责一个地区的几家店）→大区经理（负责几个区）。

在星巴克工作一年以上的"伙伴"，可通过内部招聘系统应聘支持中心（总部）的市场、物流、财务、人事等部门的职位。

相反，针对支持中心的员工，星巴克也有假期帮工制度，目的在于让非店内员工获得店内工作的经验。

支持中心的员工很难见到顾客，对他们来说，如果有问题、有难题，或者在工作上遇到壁垒，那么去门店现场有助于自己重新认识问题，并且找到解决方案。

另外，星巴克希望员工能够将所学的知识立即应用到工作中去，所以不管是轮岗，还是企业教练技术培训，这些培训虽然是阶段性进行的，但开始得都很早。

例如，新入职的应届毕业生首先会被分配到现有的门店接受培训，之后作为培养过程的下一个步骤，会让他们体验新店的开业现场。就像这样，星巴克会为员工制定考虑其未来发展前景的职业规划，并从员工入职后的早期阶段就开始计划性地让他们体验各种经验。至于轮岗制度，则是由各大区的人力资源配置会议决定的。

一旦人事考核的结果确定,即每个员工的发展领域(职业发展目标)得到了确认,那么支持中心的教育专家将制订个人发展计划,为他们的下一步职业发展做好准备,并通过集中课程提供一对一的强化训练。确实,很少有企业能为员工的个人职业发展提供这种程度的支持。

第6章 人才培养的技术和方法

"我一贯的主张就是,慷慨的员工福利待遇是最具优势的竞争手段。(中略)但很多企业并不将此看作吸引优秀人才并回报其工作的机会。我想成为比赛的胜者。但是,我绝对不想在到达终点的时候抛弃别人。如果管理层的小团体和股东们以牺牲员工的代价来获利,那就不是真正的胜利,必须所有人一起冲过终点线。"

——霍华德·舒尔茨,《星巴克的成功物语》(日经BP社)

6.1 企业教练技术

星巴克的人才培养的重点

连锁品牌商店人力资源开发的传统思路往往优先考虑合

理化的观点,强调的是如何使一名新员工快速具有战斗力,以及如何降低培训成本。很多时候,在员工入职的第一天,就会收到一本工作手册或者教学视频,用来熟悉工作流程,第二天他们就已经站在店里进行实际操作了,领导总是说:"剩下的就边干边学吧",把员工教育交给现场的岗上训练。

但在星巴克,培训新"伙伴"要花80个小时,培养店长后补的店副理要花6个月。星巴克对员工教育倾注的心血之多,连它自己的员工都感到惊讶:"居然要花这么多时间和金钱来做员工培训吗?"

星巴克的教育和培训不是片面的教与被教,而是以引导师强调学员独立性的形式进行。正如上一章内容中介绍的,教学者同时也是学习者,两者之间建立了一种互补的关系,从而增强了学习效果。

英语中的"教育"一词,即 Education,来源于拉丁语的"引出"。所以教育的意思其实就是"将内在的东西引导出来"。

可见,星巴克的教育方法不是"教",而是将学员的能力引导出来。

以下是星巴克教育体系中特别值得一提的3点。

①从员工被录取后,在最初的培训阶段就开始培养他们的目标意识

在每一门核心训练课程上,员工都要预先设定自己的目标,培训结束后则要进行自我测评,检查自己在多大程度上

实现了这个目标。当然，这种测评不是为了淘汰不合格的成员。事实上，也没有人会无法通过核心课程，它只是一种自我评价，其目的是为了让员工从入职之初就建立起必须以目标为导向而行动的意识，使他们尽早接受MBO（Management By Object，目标管理）的概念。

② 比起知识的传授更重视学员意识的觉醒，培养他们独立性的萌芽

每门课程都会鼓励"伙伴"发表意见，讲师会给他们提出建议，目的在于引导他们表达自己的想法，并且培养他们"自觉和主动工作"的意识。

培养员工独立自主地工作，而不是依赖工作手册，这对于增强星巴克的品牌实力是非常重要的。因为品牌是无形的，它的声誉是由顾客对它的印象决定的。星巴克深知，提升品牌形象的关键在于培养能够自主决策、独立并且灵活应对任何情况的人，而星巴克的教育体系也正是建立在这一认知基础上的。

③ 将星巴克的企业愿景和人才培养结合起来

星巴克所期望的员工胜任力是由"使命宣言"细化而来的，其中明确反映了星巴克员工教育的内容以及对于"伙伴"工作技能的要求，也记载了对于星巴克来说理想的员工

形象：需要什么样的员工，希望把他们培养成什么样子。而对于员工技能发展的评价，也是基于其使命所体现的具体能力，并且形成了一种反馈机制。

学习企业教练技术，并应用于人才培养

为了提高人与人的沟通能力，星巴克将企业教练技术应用于一切场合。"企业教练技术"是一种沟通技巧，包含从倾听和理解到引导对方尚未察觉或潜在具备的能力，并且相信这种能力的一系列过程，最终激励对方实现目标。

星巴克在对引导师和同伴教练进行培训时，从早期阶段就会让他们学习和体验企业教练的思维方式和技术，在内部培养企业教练。这些人将培育出更多星巴克理念和价值观的信徒，对提高员工的组织承诺发挥了重要的作用。

所谓的"组织承诺"就是"个人与所属组织的一体化程度"。

星巴克招聘并且培训那些认同星巴克企业目标和价值观的人，培养他们产生"身为星巴克组织的一员"的意识，让他们理解个人与企业目标的深刻关联，从而提高他们的组织承诺。

引导师不是单纯地传授知识和操作技能，而是努力呼吁每个人的意识，点亮他们的心灯。这是一项非常困难的工作，但在星巴克，企业教练的理念已经成为企业文化的一部分，并成功地建立了人与人之间的信任，改善了沟通和交流的效果。

一个人所拥有的能力远比自己以为的要大得多。我们实际使用的能力被称为"显能"，而不使用的能力被称为"潜能"。人们经常用冰山来形容两者的巨大差距，事实上，近八成的能力仍在我们体内沉睡。

但是，不要说潜能了，我们甚至没有充分利用显能。生活中我们也经常会听到这样的话："他明明可以的，太可惜了！"确实有很多人不能很好地发挥自己本来就具备的能力。

为什么潜能一直沉睡？为什么人们无法自由地将它们发挥出来？

原因之一是人们总会认定自己"不可能"或者觉得"努力也没用"，失去了挑战精神。这种先入为主的"做不到"观念，正是人们能力发展的一大阻碍，它会使潜能永远沉睡下去，无法转化为显能。

有这样一个故事。一头马戏团的大象从小就被绳子拴在木桩边长大。小时候，它曾试图把木桩拔出来，从这里逃跑。

但幼象并没有拔出木桩逃跑的能力。它试了一次又一次，然而木桩纹丝不动，它只好放弃了逃跑的尝试。多年后，尽管幼象已经长大了，却还是被绑在同一个木桩上。

其实，以成年象的力量，很容易就能拔出那根木桩。但是，一旦大象确信自己无论如何都拔不动，它就再也不会想到要把木桩拔出来了。

人类比大象聪明得多，但当你和那头大象一样做出同样的假设，在潜意识中输入"不可能"的感觉时，你就把"可能"也变成了"不可能"。

另外，你的上司或同事可能并没有关注你的优点和长处，在没有充分了解你的情况下，他们可能说出类似于"这家伙不行啊""肯定做不到"这样的话。这种消极的语言表达的打击力是致命的。听到这样的话，员工当然无法发挥自己的实力了。

那么，到底怎样才能把休眠的潜能激发出来呢？答案之一就在企业教练技术之中，这也是星巴克人力资源开发的基石。

星巴克人才培养不可或缺的企业教练技术

星巴克将企业教练的理念融入了企业文化，它是磨炼沟通技术和建立信赖关系的关键因素。

"Coaching（企业教练）"这个词原本派生自"Coach（马车）"，本意是"把重要的人送到目的地"。

自古以来，在体育界，人们对这个词耳熟能详。令人意外的是，管理学领域也很早就开始使用这个概念了。哈佛大学的迈尔斯·梅斯（Myles Mace）教授在其著作《高管的成长与发展》（The Growth and Development of Executives）中这样写道："人是管理的中心，而在以人为本的管理中，企业教练是一项重要的技能。"自此，这个概念在商业的世界广为传播。

世人对企业教练的定义各不相同，但总的来说，可以把它认定为"一种引出对方的能力和动力，并支持对方实现目标的沟通技术"。

星巴克的人力资源管理带有非常明显的企业教练特征。

星巴克认为，拥有答案的是学员，而不是教练。前文中就介绍过，星巴克的引导师在课堂上所做的不是"教学"，而是提出问题，让学员思考。

而且，答案不一定只有一个。星巴克也不希望只有一个答案，参加研讨会的个人或团队的共识才是真正的答案。

因此，对于星巴克的员工培训来说，最重要的一点就是：学员自己是研讨会的主角，而不是教练或引导师这些所谓的教学者（见表6-1）。

企业教练技术培训的过程可以用GROW模式来解释（见图6-1）。

表6-1 教练式领导力与传统领导力的区别

	教练式领导力	传统领导力
基本姿态	激励对方形成意识、主动学习	教导、命令
谁拥有答案	下属员工本人	领导、上司、规章制度、教科书
谁做出解答	下属员工本人	领导
主要方式	倾听、提问、引导、相信、委托	批评、命令、掌握结果、给予评价
如何看待下属员工	发现对方的个性和优点	寻找对方的问题和导致问题的原因
如何评价下属员工	重视与结果相符合的过程	比起过程更重视行为的结果、成绩

图6-1 管理循环与GROW模式

GROW 的意思是"成长、培养、长大",企业教练技术是一种通过鼓励员工独立行动和学习、帮助他们实现目标,从而提升组织绩效的管理方法。

在培训的过程中,教练会根据组成 GROW 的四个大写字母所代表的各个项目,以提问的形式引导学员自己得出答案(见图 6-2)。

- G(Goal)

  明确目标=明确要达到的目标,明确执行目标的意向。

- R(Reality)

  了解现状=发现现状与目标的差距,挖掘问题及导致问题的原因。

- R(Resource)

  寻找资源=掌握一切可用于实现目标的管理资源。

- O(Options)

  创造选项=探索所有的可能性,提供最佳的选择项。

- W(Will)

  确认实现目标的意向=确认动机,制定具体的行动计划,跟踪进展情况。

具体的过程如下:①确定目标;②正确认识现状;③为实现目标制定应该做什么、怎么做的计划;④验证结果并鼓

第 2 部分
高承诺人力资源管理

Goal

【目标】
想要实现的目标

【常用提问方式】
"你要实现什么目标？"
"具体的目标？"
"十年后的梦想是什么？"
"你一定可以更努力，是不是？"
"那么现在制定本周的目标吧？"

Reality

【现状】
目标实现程度

【常用提问方式】
"你的目标完成得怎么样了？"
"具体已经完成了什么？"
"有没有觉得自己离实现梦想越来越近了？"
"上周的目标实现了吗？"
"遇到过什么阻碍吗？"

GROW模式

Will

（意愿）
实现目标的意向

【常用提问方式】
"如果目标实现了，你一定很开心对不对？"
"你有干劲吗？"
"你能坚持到什么时候？"
"下周的计划没问题吧？"
"你一定能完成的，对吧？"

Options

（选项）
对其他可能性的探求

【常用提问方式】
"你有什么方法？"
"这样选择是效果最好的吗？"
"什么会阻碍你的选择？"
"哪个才是最佳方案？"
"你觉得你的选择好吗？"

图 6-2　GROW 模式与常用提问方式

励产生新的发现和认识；⑤思考并选择新的目标和实现目标的方法，制定新的计划。

换句话说，这其实就是PDCA管理循环本身，但它不是通过命令来管理，而是鼓励对方独立思考和行动。这样看来，企业教练技术与目标管理的理念是一致的。

后文也会介绍星巴克的目标管理制度，以及星巴克如何将企业教练技术和目标管理相结合并进行活用。

安抚（Stroke）

企业教练技术需要引导师掌握一系列的沟通技巧，要尊重对方的存在，获得彼此认同，引导对方将个性转化为能力，鼓励对方发挥独立性，为实现个人目标不断努力。这是一种接纳他人、激发他人才能、在他人的思考中寻找答案的技术。企业教练技术的关键在于认同对方的存在，坦然接受对方的一切，用言语和行动引导对方向目标努力。

在行为心理学的世界，这种对他人存在的认同以及对他人行为的促动被称为"安抚（Stroke）"。安抚有两种：正面的和负面的。正面安抚在心理层面上包括"赞美、鼓励、表扬、微笑、点头、同意、攀谈"等行为，相反，负面安抚指的是"责骂、讽刺、掩饰、忽视"等行为。

比如说，一个新员工向他的上司提出了改进业务的建议。

但在上司看来,这个建议漏洞百出。现在,这位上司可以直接毫不客气地指出"你一个新人应该先照规定办事,然后再来理论";也可以使用柔和的"安抚",例如:"你刚入职就能够积极地提出建议,这很好。但我觉得你最好在工作现场多了解一些情况,然后我们再来讨论这个问题怎么样?"虽然这两种说话方式最后得出的结论是一样的,但给予对方的印象却天差地别。

"做给他看,说给他听,让他尝试。若不给予赞美,人不会主动。"——正如本书多次提及的这句话,企业教练技术的理念就如同殷切盼望子女快快成长的父母心一般,它通过示范具体的方法,说明原理,让学员亲身实践,对实践结果或褒或贬,根据情况给予有效的"安抚",读懂对方的心思,采用不同的引导方式。

也就是说,企业教练技术可以被看作一种沟通技术,引导师会根据对方的情况使用不同的"安抚",激发对方的能力,以及使用诱导式的提问技巧等各种方法,帮助对方通过自己的努力到达目的地。

企业教练技术的目标是激发"干劲"

企业教练技术的主要目标之一是激发对方的"干劲",但首先,"干劲"到底是什么呢?

"干劲"与目的性密切相关。初代若乃花[一]有这样一句名言："只有拥有想要当上横纲的强烈愿望的人才能成为横纲。"

纽约洋基队前总教练乔·托瑞也说过："当你真的很想要某样东西的时候，会突然产生一种意想不到的能力。只要有信心（也可以说是决心），我们可以实现日常认为不可能的目标。"

"干劲"的出发点是强烈的愿望：自己想变成什么样？想把公司打造成什么样？如果没有这种渴望，那么一切都无从开始。

另外，"主动行事"也是"积极行动"的另一种说法，指的就是"朝着目标积极前进"的一种意识。当你用行动来表现这种意识的时候，周围的人就会对你的"干劲"产生认同感。

因此，为了调动对方的"干劲"，"明确的目的或目标"和"积极面对的态度"是不可缺少的。

《广辞苑》辞典里对"干劲"的解说还有："根据当时的趋势，顺势前往某个方向；使前进；使去往；送往。"虽然很多人认为"干劲"是自己主动产生的行为，但考虑到这一

[一] 日本相扑名手，第45代横纲，本名花田胜治。——译者注

解释，还是需要有人在背后推动的。这就是企业教练的作用。

如果我们能自律，让自己有一个目标，用积极的心态去行动，那是再好不过了。但往往我们做不到这样。所以企业需要在组织中培养企业教练，去成为这个推动者。

星巴克拥有大量的员工教育支持人员，包括引导师、同伴教练和店经理导师，他们在专业课程中学习企业教练技术，通过门店现场的实践吸收和掌握这些技术。星巴克不断培养从入职之初就开始接受企业教练技术洗礼的"伙伴"，他们熟知并理解企业教练技术的规则，从而形成了一个互相支持的团队。

有很多企业采用导师制对员工进行跟踪指导，为新员工提供支持，成为他们寻求帮助的对象，但很少有企业会将企业教练制度作为固定的企业文化。

顺便一提，与 Coaching 类似的说法还有"Counselling"和"Mentoring"。

Counselling（咨询）的目的是稳定对方的情绪，提供心理上的支持。而 Coaching（教导）的目的是激发对方的天赋能力和实践动力，它通过更进一步的、更为指导性的建议，积极地帮助对方实现目标和解决问题，并支持他们的整个职业生涯。Mentoring（指导）包括心理层面的支持和职业层面的支持，主要由导师（熟手）提供一对一的支持。撇开定义不谈，虽然三者的共同点在于它们都是对"心的变化"的协助工作，但 Coaching 和 Mentoring 的目的除了实现个人目标外，还在于提高对组织目标的承诺。

企业教练技术的激励过程

如何利用企业教练技术理念激励人们产生"干劲"呢？这部分的介绍是基于大阪电气通信大学"干劲"研究小组的研究内容。

"干劲"不是马上就能产生的东西。比如说，当人们受到打击，感到挫败的时候，就很难让他们马上振作起来。人们首先必须要有"相信自己做得到"的自信，没有这种自信，就无法产生"干劲"。

所以，如果上司对员工说"你什么都不用想""听我的""没人听你的意见"之类的话，那么员工的积极性就会下降，最后只是不情不愿地完成工作而已，这就成了"不得不做"。

但是，如果员工真的对自己的能力完全不自信，就会认定自己"做不到"。而如果继续自我消沉，这种心态最终会转化为"不想做"。

也就是说，与"干劲"相关的心态有这几种："做得到""不得不做""做不到"和"不想做"（见图 6-3）。心态不同，从中激发"干劲"的方法也不同。那么具体应该怎做呢？

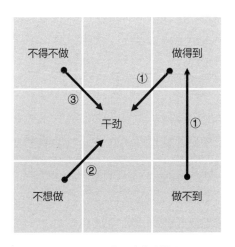

图6-3 通往干劲的路线图

①从认定自己"做不到"到相信自己"做得到"再到"有干劲"

"干劲"低下的人最让人可惜的一点就是,他们当中的很多人明明有能力,但缺乏自信,正处于认定自己"做不到"的状态。对于处于这种状态的人来说,最重要的是要先建立自信。

如果是那些已经有一定自信的人,那么为了调动他们的"干劲",就应该给予他们"需要负责的工作",但这任务不能过于沉重。下一步,作为教导他们的人,就得敢于"放手",让他们自由发挥。人们会因为被托付任务而感到"受到信任",这会激发他们更大的能力。

而这种对某个任务负责,并且完成目标的经历会让他们更有信心,体验到工作的乐趣,从而进一步增强"干劲"。

②从"不想做"到"有干劲"

"不想做"的心态往往会出现在有能力却没有行动力的人身上。在工作上遇到这样的员工,比较有效的做法是:多向他们征求意见,多让他们参与讨论、制定目标、评判结果等互相补足的活动。

另外,非常重要的一点是,如果不知道对方为什么会产生这种心态,那么就无法采取措施。所以,引导师必须理解对方的感受,积极沟通,引导对方说出真心话。有时候,我们经过沟通才能发现,那些看起来像是"不想做"的情绪,实际上是因为缺乏自信而产生的"做不到"。

③将"不得不做"转变为"有干劲"

觉得自己是"不得不做"工作的人往往缺乏主动性。他们对自己的梦想和目标没有明确的认识,只是一味地抱着"叫我做那我就只好做了"的态度完成任务。他们会按照规定做好工作,但不会主动思考和行动。从上司的角度来看,虽然在某些时候也能把他们当成得力干将,但更多时候会觉得少了点什么,有种"浸水的木鱼敲不响"的感觉。

例如，有的员工开始工作半年后，技能熟练到一定程度，就自认为对工作已经完全领悟了。他们当中有很多人就抱着工作是"不得不做"的心态。

要想激发此类人的"干劲"，企业教练必须找出与他们的价值观或目标一致的方面，同样，也要让他们参与制定目标，并积极征求他们对后续进展情况的意见。

拥有不同情感、不同性格的人在不同的岗位上工作，他们的角色不同，责任也不同。每个人都有一套不同的价值观和人生观，而根据情况每个人的情绪又可能会发生变化。

企业教练在引导他们实现目标的同时，必须考虑到每个人的感受，这和养育孩子颇为相似。

想象一下爬行的婴儿第一次站起来的情景吧。

当你看到这样的孩子时，脸上应该会浮现出在职场上绝对看不到的灿烂笑容，你会把所有你知道的赞美之词毫无保留地送给这个孩子："你真棒，你真厉害，你是个天才！"当然了，宝宝们还听不懂你的话呢，但他们也能理解自己受到了表扬，有时候还会露出胜利自得的表情。这样，他们的信心就完全建立起来了，开始自己姗姗学步的旅程。

有句话叫"爬了望站，站了望走"，说的就是期盼孩子快快长大的天下父母心。培养人的"干劲"又何尝不是如此：让他们积累小小的成功，树立自信，循序渐进地挑战更高目标，而最重要的就是通过这样的步骤，在他们的心中深深地植入"只要肯做就做得到"的意识。

6.2 深化沟通、建立信任的方法

信息共享

星巴克把自身的商业活动称为"与人打交道的生意"，非常重视人与人之间的信任和沟通，认为这是企业成功的关键。

管理学家彼得·德鲁克说过："管理上的一切问题都是由沟通不畅造成的。"确实，当提及员工培训等方面当前存在的问题时，我们得到的普遍结论就是：缺乏与员工沟通交流。

在辞典里，Communication 这个词被翻译为"传达、联络、告知"。据说这个词来源于拉丁语中的 Communis 或 Common，也可能是 Communicatio，从词源来看，其本意包含"分享同样的东西，使共同拥有；通过此行为消除自我认知与他人认知的差别"之意，这与英文 Share（共享、分享）一词的意思相近。

人际关系的基础在于共享信息、相互理解，由此可见，沟通是非常重要的。

我们经常会听到这样的话："我们公司的人际关系就像

是用又细又长的线连接起来的。"那么怎样才能把这细线变为又粗又短的管道，来加深人与人之间的相互理解呢？

正如 Communication 一词的词源所包含的，重视与员工之间的关系，彼此共享相同的信息。这就是"我信任你们"的表现。

假如上司对你说"这不关你的事"，或者"别说了，叫你干什么就干什么"，你会有什么感觉？不仅会觉得上司不信任你，甚至会心灰意冷，自暴自弃，反正对方也看不起自己。这样的上司就算对员工说些鼓励的话，也没有人会听。

但是，如果上司能够尽可能多地与下属员工交流和分享信息，哪怕是很小的事情，他们就会产生自己受到信任的感觉。共享信息是建立信任关系的第一步。

星巴克为了促进店内伙伴之间的信息共享，设置了用于记录工作业务相关信息的"伙伴笔记"和用于分享日常感动的"体验笔记"。伙伴们会把触动自己的体验写在"体验笔记"上，比如，接待顾客时做了什么让顾客非常高兴等，与同事们共享这份喜悦。

此外，星巴克还制定了管理意见书，通过传达和共享企业政策和管理理念加强信赖关系。

此外，为了实现情报共享和深化相互理解，星巴克会对正式职员和兼职人员一视同仁，将每个人作为商务人士来对待。星巴克将所有员工都称为"伙伴",以模糊正式职员和兼职人员之间的隔阂。

随时提供信息

信息是"明确管理资源的状况,包括人、物、钱的东西"。管理资源中的资源在英文中称为 Resource。其中,Re 是重复的意思。因此,信息必须以一种可以在需要时随时获取的形式存在,否则就不能称之为信息。

在你的公司,信息是否随时可取呢?

所有连锁便利店都会放置一本"联络笔记",但往往是用于业务联络的备忘录,但有家店的做法更进一步。他们的联络笔记不仅记录和分享了各种店内发生的事情,还包含了非常具体和详细的信息,比如关于宣传海报怎么贴更漂亮的主意,对某项工作的接任者请求协助的回复等。员工们通过这样一册笔记本,分享如何改进卖场环境、吸引更多顾客的想法,它为因轮班而彼此见不到面的员工们提供了一个可以互相交流的空间。

其实,在电子邮件文化根深蒂固的日本,我们根本不能把"见不到面"当作无法沟通的借口。只要是理解工作的价值,拥有明确目标的人,就一定能通过分享情报来加深彼此的信赖关系。

做一个好的倾听者

犹太人有句格言是这样说的:"为什么人只有一张嘴,却有两个耳朵?因为要以两倍于自己说话的时间倾听对方的话。"这和"善于倾听的人就是善于说话的人"这句谚语是一个道理,会倾听别人说话是一项非常重要的技能。

一般来说,当员工被问及"你觉得什么样的上司最有吸引力"的时候,最常见的答案是:"一个能把你当自己人,好好听你说话的上司"。

我们曾在某家连锁店铺对兼职的店员进行"你觉得一个可靠的店长应该是什么样的"问卷调查时,得到的回答中最多的依然是"会倾听的店长"。

这也可以说是成为值得信赖的领导的必要条件了。哪怕时间很短,也要积极地倾听员工的意见,获得来自员工的信任,同时证明这是一个重视员工,把他们当作伙伴的好领导。

不过,兼职员工的工作时间短,而且不集中,确实很难找到时间去和他们交流。所以,身为领导如果不能自觉地抽出时间来倾听,那么就永远无法理解对方。

曾经我在走访某家餐饮连锁品牌的店铺时,一位兼职的员工告诉我,他在这里工作两年了,但唯一一次和店长说话还是在招聘面试的时候。"他只对我说过两句话:'早上好'

和'辛苦了'",那位员工苦笑着说。经常听到领导们用"太忙了",或者"错过对方轮班的时候"来作借口。如果不能下定决心,也没有必须倾听员工说话的觉悟,那么领导们当然是"没时间"的。

如果想要提高自己说话的能力,那么最明智的做法就是训练自己成为一个好的倾听者。当然,这不是简单的"听",而是抱着接纳对方的心态、设身处地去听。重要的是要有这样的态度。这就是所谓的主动聆听(Active-Listening)。那么,为什么要主动聆听别人说话呢?理由有以下4点。

①让说话者心情舒畅……倾听让说话者心情放松。
②让倾听者加深理解……在倾听中整理自己的想法。
③相互理解,建立信赖……敞开心扉,形成开放的人际关系,加深相互的理解和信赖。
④改善职场氛围……消除相互间的芥蒂,营造明朗的职场氛围。

有很多工作都需要主动聆听。例如,法官通过倾听去发现和追究罪犯的矛盾和弱点,揭穿他们的谎言;医生通过倾听从患者的话语中了解症状,判断疾病,找到治疗方法。

那么,在商业世界呢?同样的,领导要善于倾听下属员工的意见,了解他们的情况,掌握他们的优缺点,帮助他们解决问题。

和上述其他职业相同,企业的领导也要非常努力地理解对方话语中欲言又止的内容,去发现话语背后隐藏的内容。在会议和其他对话情境中,切记要以达成共识为目的,积极听取对方的意见;要尊重对方、接纳对方,态度是非常重要的。

如果上司能够致力于主动聆听,那么下属员工的工作态度也一定会改变。因为他们知道上司在倾听,他们作为说的一方也会更加注意自己说话的方式,力求准确传达自己的想法,并对自己的发言负责。

而且,如果会议或其他活动的所有参与者都能够做到主动聆听,那么在对话中的每个人都能接受与自己不同的想法,从而形成总体的共识。

主动聆听不仅能给听者带来变化,也会让说话的人产生内在的变化。也许有点夸张,但我们可以说这种变化是一种人性的成长。

那么,一个好的聆听者应该做好什么样的思想准备呢?具体总结如下。

①不要打断对方的话

如果对方说话的时间有些长,或者说得有些慢,有些人就会急着想知道结论,忍不住说出"结果是什么"或者"先说结论吧"之类的话。我本人有时也会这样。还有一类喜欢跑题的上司，会在谈话过程中把话题引到和他们原本的问题完全不同的方向上去。如果是有这种倾向的人，那么就要引起注意。

② 看着对方的眼睛

虽然一直盯着对方看也会让对方感到困扰，但起码不能抱着胳膊不理人，或者一边做着别的工作一边听对方说话，这样的态度就不可取。如果你的下属是很认真地想要说些什么，那么你也必须认真地接受。

曾经我的上司就是很好的倾听者。我去找他商量事情的时候，他要是在忙，就会说："不好意思我现在没空，之后再慢慢谈吧，你来定个时间。"到了约定的时间，我们就会面对面坐下来，只要开始谈话，他就会非常认真地听我说话，绝不会随便敷衍。毫无疑问，他深得我们这些下属的信任。

③ 用应声附和或做笔记来表示关注

打个比方：生产厂商的销售人员来找你，你向他介绍最近的销售趋势，并且提出了己方的要求，但那位销售人员却只是听着，也不记笔记。你觉得这个推销员怎么样？难免会腹诽一句"这家伙真不可靠"吧。下属的心情也是如此。面对那些竭力表达自己想法的下属，作为上司应该记笔记，哪怕只是做做样子，他们也会很高兴看到你有这样的态度。

④不要把自己的想法强加给别人

有店员这样说："我们店长听是听了，但是之后的反击很可怕。"这种类型的领导会把与下属的谈话当作推销自己主张的机会。当他们大谈自己的想法时，经常趁势翻起下属的旧账，数落对方犯了哪些错误。这种领导当然不可能获得下属的信任。既然要听，那就好好地听。让下属有个好心情，是他们开始信赖你的第一步。

提高参与程度（重视对话）

上司平时就要向下属传达这样的态度："我一直都在看着你努力工作的样子"，这一点很重要。

怎么表现出这种态度呢？其实只要说声"辛苦了""一直以来多谢你"或者"你很努力呢"就足够了，关键是要让下属知道你对他们的工作是非常关心的。

对于缺少这种态度的上司，员工会因为受到忽视而生气也是很自然的，他们会认为自己拼命工作也没有人知道，而上司的漠不关心似乎也证明了自己的不可靠。

在连锁店铺，企业总部的指令和指导都非常彻底，所以在不知不觉间，员工已经养成了听令行事的习惯。店长对员工的态度也往往是："这是总部的意思，你们照做就行了。"

卖场的负责人也好，店员也好，收到的大多是命令。因此，发号施令的人和被号令的人之间形成了单向的关系。

其实在这种情况下，店长完全可以这样说："总部的要求是这样的，你看怎么样？我倒是觉得客人应该会喜欢。"只需类似这样的一句话，就能提高员工对工作布置的参与度，从而使他们有被信任的感觉，并且体验到这种参与带来的快乐。

认同对方

在医院的候诊室里，如果能听到前面的患者和医生的对话，你就会发现一般医生的话都不多，多是用"是啊""也有这种可能性"之类的话语附和患者，特别是资格比较老的医生。常替我诊断的大夫就是这样的，总是对我说的话点头称"是"。虽然每次就诊，时间都非常短，但是结束后总让我感觉心情平静，老毛病似乎也好转了，真是不可思议。

实际上，医生在面诊病人时使用的人际关系维系方法，在心理学中被称为"容忍"，其目的是为了给患者安全感，让他们确信医生正在认真地了解自己的情况。在这样的情感基础上，如果医生再对患者提出一些指示或者要求，那么患者也会更容易听从。

同样的，如果上司能够认真倾听下属的话，先采取赞同的态度，然后再把该说的话说出来，那么下属对上司的接受程度就会有很大的变化。

下属对上司的潜在期待有两点，那就是被表扬和被认可。而这两者其实并无二致。当下属受到表扬时，也就知道自己得到了认可。

在企业教练技术中，这种认可叫作 Acknowledgement，意思是"认同"或"同意"。我们都会为自己从实践中获得成长和改变而感到高兴。变化带来的成就感又将喜悦转化为自信，给予我们再接再厉的动力。

虽然 Acknowledgement 直译过来就是"承认"，但它并不是简单地认可对方而已，而是一种通过有效地夸奖对方，激发其动力的技能。

"承认"的关键是传达事实，为此我们就必须仔细地观察对方。

批评的艺术

虽然尚不清楚星巴克是否将批评也作为一种教学方式，但确实，巧妙的批评也能够加深人际关系。好的批评所起到的效果，与表扬或激励几乎是一样的。我认识的领导者当中，有很多都懂得批评的艺术，他们能够通过批评与下属建立信赖关系。

我从这些善于批评的领导者身上学到了很多，下面是一些体会。

① 认真地批评

诚心实意地纠正对方的错误。如果你有心培养你的下属，即便是批评也能让他们感受到你的诚意，提高对你的信赖感。

② 不感情用事

批评和发怒是有区别的。身为领导，如果你情绪激动，对下属大吼大叫，或者仗着身份斥责他们，就无法表达你的关心和诚意。得饶人处且饶人，作为领导者，有问题必须冷静地处理。

③ 给出具体的理由

明确地告诉对方"为什么不对"或者"为什么不行"，如果有具体的理由，那么下属也能更好地理解问题出在哪里。批评的内容最好集中在一点上，切忌翻旧账。

④ 批评懈怠的态度而非错误

谁都会犯错。批评不应该是一个一个地指出错误，而应该把导致错误的态度作为问题。另外，如果下属总是重复犯同样的错误，那么这时候你批评的点就应该在于：他们没有及时找出犯错的原因并做好应对。

⑤批评的后续

批评之后别忘了继续跟进对方的情况。如果放任自流，对方会以为只要在当时忍受说教就够了，之后依然我行我素。领导者应针对对方的问题如何改进提出建议，或在今后的工作中保持关注，你们之间的信赖关系也会随之不断加深。

⑥批评行为而非人格

批评的对象应该是事实行为，切不可质疑他人的德行和品格。所以像"你这人性格烂透了"之类的话千万要避免。

⑦不当众批评

没有人喜欢被别人看到自己被指责的样子。在人前训斥员工，很容易被认为是在以儆效尤。虽然在体育界，有时候为了向所有成员传达领导者的意思，特意要当着团队的面批评某个人，但对于普通的员工或者兼职的主妇来说，这是无法理解的。

⑧不啰唆，不反复

批评要直截了当，言简意赅。针对某件事批评时，就不要再提别的事，甚至旧事。避免啰唆与反复。

⑨不吹毛求疵

以管理者自居的人最常犯的一个错误是，他们只关注下属的过错和失败。但人无完人,每个人都有自己独特的个性,都会存在一些问题。你应该尽量关注人的优点。

⑩不发牢骚

有的上司虽然本意是纠正下属的错误,但说起话来却是牢骚不断。这样的上司肯定不受欢迎。斥责也好,表扬也好,给予鼓励或者直接伸出援手,总之应当以明确的态度对待下属。

⑪不想当然

领导者应亲自证实事情的真伪,眼见为实,确认清楚后再决定有无必要批评对方。

⑫不仅限于口头

这一点对于表扬来说也是一样的。只在口头上表扬或批评,很容易就会被对方看穿你的敷衍,所以永远不会起效果。

6.3 信任与托付

信任具有改造现实的力量

心理学上有一种"皮格马利翁效应"。这是一个来自希腊神话的故事。皮格马利翁爱上了自己雕刻的女神雕像,于是他开始向神祈祷，希望它能变成一个真正的女子。爱神阿芙洛狄忒被皮格马利翁纯粹的爱情打动了，便给雕像注入生命，最后他们结为了夫妻。

"皮格马利翁效应"所指的就是这样一种神话般的现象："只要你真诚地相信并期待，对方就会满足你的期待。"

对待有潜力并且非常能干的下属，你自然就会抱有很高的期望，这种期望也会传达给对方。

相反，对待你觉得不那么得力的下属，如果你依然能够表现出对他们的信任，那么他们就会为了不辜负这份信任而努力工作，甚至发挥出前所未有的潜力。要相信：信任是可以改变一个人的。

托付的勇气

无论多么优秀的人，也不可能事事都靠自己。领导者不但要能够以自己为中心来行动，也要能够将工作或任务托付给下属，两种方式结合，从而提高团队的生产率，同时促进下属的成长。

前神户制钢美式足球队队员、前日本 IBM 美式足球队主教练大西一平说过："优秀的球员往往什么事都想自己做。就连很小的事情都不愿意交给别人，生怕别人做不好。这样的人在艺术家和手艺人的世界里也能够生存，但如果在一个组织里，他们就有可能造成独断专行的问题。很多情况都是这样：个人越优秀，越有可能自掘坟墓。"的确，越是优秀的人，越是不能坐视下属的工作方式以及结果，也越是容易忍不住自己行动起来。

无法把工作交给别人的人有以下几种类型。

①不能信任下属、不敢委托下属的人；②不亲自动手就不能心安的人；③害怕下属成长的人。在这些人中，会对"相信别人"这件事感到胆怯的人特别多。

诚然，信任和托付是有风险的。自从"Empowerment"一词被翻译为"赋能、授权"而广为流传后，越来越多的人将其作为行自己方便的挡箭牌，但与此同时，对于委托方和被委托方来说，都会产生一定的"责任"。

然而，如果一味害怕这种风险，那么就永远无法将工作托付给别人。

在星巴克的门店里，没有哪个员工是只做一个工作的专职人员。店里的工作都是以谁都能做到为条件的，没有规定谁做什么，而是谁注意到了就先去做。星巴克的店员之所以能够自信地工作，正是因为他们不畏惧失败，信任自己的同事，并且能够放心地把工作交给对方。

从命令型管理到委托式管理

在顾客络绎不绝的情况下，店长不可能对所有店员的工作进行详细的指导。每一个店员都不可避免地要对工作现场的情况做出自己的判断，并且主动作为。因此，店长必须将工作委托给店员自己去处理，让他们发挥主观能动性，培养独立思考和行动的能力，否则这个店就无法运作。

仔细检查、干预每个人的行动，通过指示、命令达成目标的管理方式，可能更适合于基本形式属于组合型的业务，比如系统开发。但并不适合于流通服务业的工作。确实，上司也需要关注下属的工作进度，但对于具体的工作方法，尽量不要横加干涉，尊重他们自己的方式，说一句"拜托了"足矣。总而言之，上司不能放任下属自生自灭，但也不能过多干涉。

当然了，也不能直接就对刚入职的新人委以重任，这不是说一句"加油"就能让他们做到的。最初必须采取指令式的方法，让他们学会工作。当他们了解自己的工作，并能正确地履行自己的职责后，才可以先给他们制定一些小目标，逐步把任务交给他们，让他们渐渐能够独当一面。

如果上司注重给予建议和指导，并在过程中能够信任下属、将工作托付于下属，激励下属独立主动地行动，那么作为下属，他们的责任感会油然而生，独立意识也会觉醒。

这将使整个团队更有效率，工作质量得到提高。最重要的是，从事这份工作的人能够享受他们的工作。

星巴克流
好员工的培养法

第 3 部分

建立透明的、有说服力的制度

本书的第 3 部分将从星巴克人事制度的整体情况和评价体系出发，讨论目标管理制度及胜任力的运用，此二者可以说是星巴克整个人事制度的支柱。

──────────

第7章 星巴克的管理思想

"对于星巴克来说,最优先的事情就是珍惜我们的员工。因为员工肩负着向顾客传达我们热情的责任。如果完成了这个首要目标,那么我们的第二个目标也会实现,即重视顾客。只有这两个目标都实现了,才能给股东带来长期的利益。"

——霍华德·舒尔茨,《星巴克的成功物语》(日经BP社)

7.1 由人际关系结成的组织

星巴克人事制度的特征

所谓具有强大凝聚力的组织,就是由紧密的信赖关系结成的组织。曾经,在金字塔型结构的组织中,维持一个组织的唯一方法是在终身雇佣制度的保护下,按资历分配职位。但是,这样的时代正在迈向结束。未来,我们需要的是像星巴克所追求的那样,因相互尊重和信任的人际关系而团结的组织,以及因成员间相辅相成而提升整体能力的组织。

这种基于人际关系的组织运营基础,正是前文所述的企业教练技术,以及胜任力的理念。本章首先介绍的是星巴克日本的人事制度的整体特征。

星巴克日本的人事制度是围绕着其"使命宣言"建立的,"使命宣言"既表达了星巴克存在的意义和价值,又被细化为一系列的员工胜任力,以此为中心,构成了包括评价体系和人力资源开发在内的人事制度。整个制度的支柱有4个基本思想。

① Employer of Choice:成为最佳雇主

星巴克建立人力资源管理体系的目标是创造一个轻松愉快、富有吸引力的工作环境,使星巴克成为求职者心目中的最佳选择。为了给顾客带来最大的价值,我们需要努力提高顾客的满意度,但价值的提供者正是活跃在星巴克各家门店的"伙伴"们,因此我们需要一套欢迎他们、包容他们和培养他们的人事制度。

② Pay for Fairness：力行薪酬公平

星巴克的人事制度必须具有明确的预期目标，给予员工正确的评价和待遇；必须实事求是，确保评价的公正性。

③ Psychological Benefit：创造心理效益

星巴克希望成为一家以人为本的企业，不仅在经济上给予员工稳定的待遇，而且在精神上提供一个安心的工作环境。

④ Mission Management：让使命管理成为可能

为了不断提升企业价值，并且确保人事待遇制度的轴心不动摇，星巴克将以使命管理的方式构建包括各种人事制度在内的企业内部制度体系。

［出处：神户大学大学院管理学研究科在职 MBA 课程·商业应用研究 mini-project（小型项目）发表会资料］

如此，基于以人为本的思想，星巴克建立了以促进"伙伴"长期发展为目标的人力资源开发和评价制度，以及与极具说服力的薪酬制度相结合的人事调整制度。

通过企业的各项制度传达对员工的重视，让员工感受到企业的意图，理解企业的使命，并按照使命行动，形成了一个良性循环。

星巴克的目标是成为一个自律型组织

我在本书的前言中提到过:如果把人力资源管理分为两大类,那么大致可以分为"指令型"和"自律型"。

在一个金字塔型结构的组织中,管理的核心是自上而下的命令。权力几乎没有被下放到业务层面,决策并非由一线人员做出,企业的方针政策也不是自下而上决定的。这就是"指令型"的管理模式。过去,在日本向美国学习的连锁店经营理论中,这一思想得到了强烈的体现。

刚创业不久的公司往往是这种类型的典范,高层会按照自己的想法指示员工"应该做什么"和"应该怎么做",后续还要逐一检查和调控进展情况。这样的公司是由老板一个人决策的,所以组织的生死取决于这位领导者的影响力和其个人的管理能力。

但是,当公司逐渐发展壮大,建立了多家店铺,也就是实现了连锁化之后,老板的目光就很难到达组织的末端,基于创业者个人影响力的"指令型"管理模式也会因此而受限。

于是,以反复作业为中心,企业开始对工作任务进行简化和分工,工作手册取代了最高管理层对工作细节的指示和命令。如果用一种体育运动来打比方,那么连锁店就是以

Sign Play⊖为主进行比赛的棒球队。

与此不同，在"自律型"管理模式下，无论企业是否有多家门店，高层管理者只指明基本的方针和目标，具体的"应该怎么做"由中层管理者乃至所有的员工来考虑并且行动。

"自律型"组织会根据企业愿景或方针政策考虑自己应该做什么，在取得意见一致的基础上制定定量或定性的目标，并通过自我控制和管理来实现这些目标。

要说星巴克所追求的人力资源管理到底是什么风格，那么显然是足球队式的"自律型"组织。

确实，星巴克拥有霍华德·舒尔茨这样的领袖人物，其个人价值观在组织中是唯一和绝对的存在，也是星巴克"使命宣言"的源头。但是星巴克依然通过委任型的管理方式建立了一个"自律型"组织，它重视的是工作内容和方式的自主性。

在过去的十几年里，越来越多的企业标榜自己实施的正是这种"自律型"人力资源管理。但实际上，它们中的很多都只是局限于表面的模仿，比如抛弃工作手册这一点。

很少有企业像星巴克这样，既拥有"自律性"，同时又具备对"自律性"进行严格管理的制度。

⊖ 棒球术语，意为接受教练的暗号进行攻守。——译者注

7.2 人事制度的整体情况

星巴克人事制度概要

星巴克的人力资源体系的特征在于,它是在结合目标管理制度和胜任力模型的前提下,以成果主义为基础的(见图7-1)。

它不是一个能力主义的体系,因此,对员工并没有比如"一流大学毕业的人应该能胜任这份工作"这样的期望;它也不是一个针对工作职责进行评价考核的制度,因此,不会根据职务说明书一类的东西来判断一个人能否胜任某项工作。另外,它也不同于将业绩视为绝对的绩效制。所有的评价虽然都是由目标管理和胜任力决定的,但无论是目标管理还是胜任力,奠定其基础的都是"使命宣言"。它对员工的评估并不建立在销量和利润的成就上,而是建立在他们"是否忠实于星巴克所珍视的理念、精神和价值观"这一点上。

另外,胜任力的存在不仅仅是为了评价,它也是招聘、人力资源开发和资格认证体系中的一个基本概念。星巴克将胜任力作为整个人事制度的核心,这也是其人事制度的一个重要特点。

第 3 部分
建立透明的、有说服力的制度

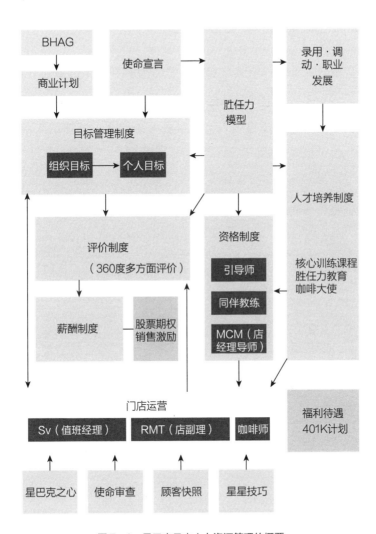

图 7-1 星巴克日本人力资源管理的概要

人事制度的核心：胜任力

胜任力是一种能够带来成果的行动或努力，由于具有很多无形的要素，很难对其进行量化的衡量或评价，因此很多企业并没有将胜任力纳入对员工的评价体系，即便纳入了，往往权重也极小。

传统的知识导向型教育无法提高员工的胜任力，且很少有企业具备基于胜任力的教育制度。

但在星巴克，除了考评制度以外，教育培训和能力发展制度等一切都是以胜任力为核心而建立的。并且在此基础上，星巴克又将以结果实现过程为目标的行动学习法制度化。这是星巴克人力资源开发的另一个特别之处。

一般来说，胜任力是通过分析高绩效管理者或销售人员的行为来决定的。但星巴克的胜任力却是其"使命宣言"的具体表现。

星巴克从自身企业理念出发，将胜任力细分为六个关键词，它们是代表六种业务态度的胜任力维度：款待精神、沟通交流、团队合作、员工发展、客户服务和绩效管理。维度中又分等级，每个等级都有明文规定的要求。星巴克又根据其业务的实际需求，增加了人际技能、技术技能和概念性技能，由此组成胜任力模型。

在星巴克，这六大胜任力维度十分重要，是一切工作的基础。星巴克认为，员工的三种技能无论有多么优秀，其结果都无法构成胜任力。员工首先要具备六种业务态度，在此基础上附加三种技能，才能打造出一个真正有效的胜任力结构（见图7-2）。

星巴克追求的工作态度

Hospitality　款待精神
试图用各种方法理解和帮助对方

Communication　沟通交流
理解他人，不用自己的想法和感情去歪曲对方。不只理解对方的语言，还要理解对方的言语无法表达的部分
把自己的想法传达给他人，说服对方，让对方信服，让他人的想法朝着自己期望的方向发展

Team Work　团队合作
愿意与他人合作，或成为团队一员，为组织全体和团队伙伴考虑，以实现团队目标

People Development　员工发展
分析下属或后辈所需知识和技能的水平，根据他们的意愿采取行动，以培养他们成为更优秀的人才

Customer Service　客户服务
善于发现顾客（无论企业内外）的需求，采取对客户有利的行动

Performance Management　绩效管理
不只是为了达成既定目标而努力，追求更上一层楼，取得更高的成就

出处：《人才教育》，2000年5月号，株式会社日本能率协会管理中心

图7-2　六个胜任力维度

7.3 培养重要的人力资源

基于胜任力的人力资源开发

一般来说，胜任力的应用往往与评价体系有关，如人事考核标准、工资和奖金标准、分级制度等。诚然，胜任力培训作为理念是存在的，但在人力资源开发这个领域，它还没有被完全认可。

很多企业已经把胜任力纳入了评价体系，但在技能培养方面，更多采用的都是传统的分层教育和知识填鸭式的集体培训。

然而，在星巴克的人力资源开发中，希望员工成为什么样的人、拥有什么样的技术，这一切的标准都是胜任力。

并且，早在招聘阶段，胜任力就在星巴克的录取标准中得到了鲜明的体现。

从招聘到培训、考评、调动等人事相关的一切制度都是以胜任力为基础而建立的，因此，星巴克育人战略的轴心永远不会动摇。

有的企业是为了培训而培训，或者进行一些与业务无关、毫无效果的培训，而星巴克已经实现了有始有终、并且内容与理念一致的人才培养。

豆股票（股票期权计划）

星巴克将自己的员工定位为企业最重要的利益相关者，并且对正式员工和兼职人员一视同仁。

星巴克推出了一项被称为"豆股票（Bean Stock）"的股票期权计划，对提高员工的组织承诺有很大贡献。

符合一定条件（比如每周工作 28 小时以上、工作时间在 6 个月以上）的正式员工和临时工、兼职人员都可参与这项股票期权计划。

在日本，企业制定对正式员工和兼职人员一视同仁的股票期权制度是极为少见的。

对于那些积极工作，为实现组织目标而不懈努力的"伙伴"们来说，这项计划的激励作用是不可估量的。

当星巴克的企业价值上升、股价上涨时，他们可以非常直观地体验星巴克的成功。在他们的心中，互相鼓励，携手实现共同目标的意识将会更加坚固，从而成就强大的组织凝聚力。

"伙伴"的福利待遇

过去，星巴克日本对辞职员工会一次性支付一笔退职金，但现在有了新的替代方案：401K计划。这为员工提供了多种选择，这笔钱员工可以作为工资领取，也可以量身定制取用的方式。

引进该计划的原因似乎是由于会计基准的变化而导致的成本削减，但由于它可以根据员工的各种需求来决定支付方式，也可以被视为一项非常优渥的福利待遇。

例如，女性员工往往比男性员工更早地在职业生涯中取得成果，但由于结婚和生育，通常她们辞职的时期也比男性更早。过去，退职金的增长曲线非常缓慢，因此会导致一些对员工不利的情况，比如和女性在职期间做出的成果不符。不过，星巴克认为401K计划可以有效解决这些问题。

此外，星巴克日本还考虑通过创造多元化的雇佣形式，如实行女性员工因结婚或生育暂时离职后可以重返岗位的制度，营造适合女性长期工作的环境。

第 8 章 目标管理和评价制度

"从一开始管理星巴克,我就要使它成为一个充满魅力的企业,能够让任何人都愿意为它效力。我们支付比其他零售店铺和餐馆更高的工资,提供更好的福利待遇,希望星巴克能够吸引那些受过良好教育,对咖啡有热情,并且愿意将这份热情传达给人们的人。我一贯的主张就是,慷慨的员工福利待遇是最具优势的竞争手段。"

——霍华德·舒尔茨,《星巴克的成功物语》(日经 BP 社)

8.1 基于目标的管理

目标管理制度

星巴克日本的评价制度主要由两条评价轴构成,一是目标管理，二是胜任力。在评价体系中，两者的权重各占50%。

目标管理的指标中既有定量的数字目标，也有定性目标。其中，定量部分以销售额和利润的完成情况进行评价。

对于定性的部分，一般来说，星巴克会尽可能地使用可测量的数字来代替其中的要素，但并不强求将它们量化。

对照目标的完成结果由各级管理者进行评价。另外，在星巴克日本，人事评价并不是给人打分和排名的制度，而是被当作一个给予建议的机会，让员工在工作上能够不断进步。

因此，星巴克的胜任力分级和普通的企业不一样，不是以经理、值班经理、店长等职位命名，而是用咖啡豆烘焙度的各个阶段来表示，比如"绿色豆""黄色豆"等。就像坚硬的绿色生豆通过烘焙渐渐熟成那样，星巴克的管理层希望员工能够像越来越美味的咖啡豆那样成长起来（见图8-1）。

当然了，没有哪一种评价体系是绝对正确的，每个企业都有自己的方法。虽然在日本最常见的职业评价体系采用的是"职能资格制度"，但即便是这些企业，详细的制度设计和执行方法也大相径庭。

最近，越来越多的企业开始采用基于成果主义的评价方法。在流通服务行业中，很少有企业像星巴克那样，目标管理的权重高达50%。

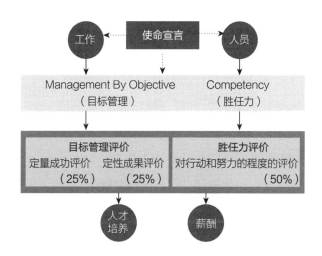

图 8-1 星巴克日本的评价制度

对胜任力的应用情况也是一样，将其纳入评价体系的企业并不多。

基于目标管理的评价

星巴克对正式员工的目标管理是通过各岗位的 MBO 表进行管理的。

MBO 表基本上都是空白格式，但针对店经理以上的职位设有固定项目。

例如，区经理的目标主要包含以下三大块：Partner（人力资源价值最大化）、Customer（提高顾客满意度，创造顾客兴奋点）、Business（规划和开发优秀的产品及服务）。

星巴克认为,"伙伴"是其企业价值创造的源泉,根据这三大块资源,"伙伴"可以自行决定自己的目标,并将其作为自我控制的工具。

目标有定量和定性两种,而定性目标是在与上级讨论后制定的。虽然定性目标的实现程度难以衡量,但星巴克敢于使用定性的标准,因为星巴克认为目标管理体系不仅仅是一种激励或促成行动的手段,更是一种沟通的工具。

在目标设定登记栏中,每个目标下,星巴克允许员工设置 5 个项目,数量之多有点让人意外,但目标管理的流程本身还是比较一般化的。

不过,由于没有制定关于执行计划的登记项目,除了 MBO 表以外,员工还要另外制订行动项目和执行计划。

虽然目标制定得相当详细,但每个目标下的项目不会过多,大多数情况下维持在每个目标配置三个左右的项目,总计一般不超过十项。

各目标项目的权重是根据其重要度或难易度来设定的,结合上级的六分制评分得出最终的评价(见表 8 - 1)。

反馈是目标管理的一个重要环节,管理者会在意见栏中留下信息,以便员工在考核面谈时进行反馈,并且商讨下一个目标的制定。

第3部分 建立透明的、有说服力的制度

表8-1 MBO评价表-区经理

2001年度 MBO评价表（For District Manager）

所属岗位	所属店铺	胜任力水平	ID	姓名

项目	目标内容	权重（%）(Total 100%)	完成结果	自我评价（1~6分）	上级评价（1~6分）	上司评语
Partner						
Operations Excellence（卓越运营）的实施情况						
有计划的人员配置						
店铺的稳定						
请确认总数应为100%				关于Partner的加权平均分		
Customer						
顾客快照得分						
快照印象评价						
服务时长						
请确认总数应为100%				关于Customer的加权平均分		
Business						
销售额		30%				
店铺利润		30%				
Mark Out（指废弃的咖啡）		10%				
Guide比例		15%				
现金短缺		5%				
预算制定		10%				
请确认总数应为100%		100%		关于Business的加权平均分		

<关于评价得分>
6分：大幅高于目标水平 5分：高于目标水平 4分：等于目标水平

<关于MBO最终考核>
Partner ×34%+Customer ×33%+Business ×33%=综合得分→根据等级符号矩阵计算

MBO综合得分 ☐
MBO最终考核结果 ☐

目标设定时间 日期 ☐
大区经理确认签名 ☐

期末评价时间 日期 ☐
大区经理确认签名 ☐

出处：《星巴克咖啡日本的人事战略》

星巴克每年进行三次人事考核，除了讨论目标实现的情况和未来举措，还会根据不同岗位的快照㊀结果，与员工共同思考如何推进工作，并且给予反馈，制定新的目标。

在评价过程中加入目标管理制度，可能会导致公司管理陷入结果主义；也有人担心目标设定过于简单。而星巴克则通过根据胜任力对员工本人的努力和行动进行稳妥的评价，避免了对目标管理结果导向式的运用。

8.2 基于胜任力的评价

胜任力模型

胜任力是一种能带来优秀成果的行为特征。一般来说，它是根据企业所期望的员工形象，从中总结出高绩效者（业绩表现突出的人）的行为特征所构成的。

最近，"胜任力"这个词变得流行起来，但在过去，评价体系主要集中在对一个人的情感和意志、能力和工作业绩的评价上，在极端的情况下，评价体系甚至可能得出像"因为是一流大学毕业生所以有能力"这样的结论，也就是说，

㊀ Snapshot，星巴克的"顾客快照"，意在顾客的反馈信息。
——译者注

评价的依据不是这个人到底做了什么，而是基于期待和猜测。而且，职责以外的方面很少被纳入评价对象，只要尽忠职守就能被认定为优秀。

然而在现在，一种新的思维方式诞生了，即比照名为胜任力的行为特征，评价引发成果的行为本身、其过程以及个人努力的程度。

在瞬息万变的环境中，一个人需要学习的东西也处于不断变化之中，因此，评价的依据不应该是过去的能力或成就，而应该是拥有多少未来所需的能力，以及是否具备掌握它们的潜力。

此外，星巴克还增加了对过程和努力程度的评价。即不去期待"应该做出什么业绩"的结果，而是着眼于正在进行的过程。

星巴克的胜任力模型被划分为六个维度和七个级别。六个维度代表了六种业务态度：款待精神、沟通交流、团队合作、员工发展、客户服务和绩效管理。七个级别以咖啡豆的烘焙度命名，分别是：绿色豆、黄色豆、肉桂烘焙、城市烘焙、深城市烘焙、星巴克烘焙1、星巴克烘焙2，每一级别的行为都有明文表示。

但与一般的胜任力模型不同，星巴克没有用高绩效者的行为特征进行分析和建模，而是将"使命宣言"进行分解，根据"做什么"和"怎么做"的观点建立了"What"和"How"的部分（见表8-2）。

我偶尔发现有这样的情况：某些企业只是照搬工作手册或职务说明书的内容，把它们当作所谓的胜任力。但显然这是完全不同的概念。

胜任力模型不仅被作为一种评价工具，也是用人标准的制定基础，还是设置能够作为企业教练目标，即理想员工形象的参考标准。

在人力资源开发中也是如此，七个级别分别确定了员工从事实际工作所需的人际技能、技术技能和概念性技能。

也就是说，星巴克认为，只要将胜任力的各项条件叠加起来，就能构建出他们在"使命宣言"和"星星技巧"中追求的理想员工的模样。

人事考核

对于部分高管人员，星巴克的人事考核制度采用的是360度全面评价的方式，不是由一个，而是由多个上级管理者进行评价。其中，被考核人的自评及其上级管理者的评价是绝对评价，而最终考评则是相对评价。

第3部分 建立透明的、有说服力的制度

表8-2 胜任力的基本模型表

	款待精神	沟通交流	团队合作
星巴克烘焙2	理解异文化,并为之做出贡献	超越语言和文化,与人建立长期信赖关系	在全公司范围内发挥自己的领导力,不论公司内外都能组织团队并建立团队精神
星巴克烘焙1			发挥领导力,构建多个团队的团队精神,并且与其他团队及合作伙伴建立团队精神
深城市烘焙	不仅理解个人,也理解组织和集团,助人为乐,为集体贡献自己的力量	善于沟通,不论公司内外都能建立长期的信赖关系	
城市烘焙			发挥领导力,构建自己所在团队的团队精神,并且与其他团队及合作伙伴建立团队精神
肉桂烘焙		有一定的沟通能力,足以顺利推进公司内外的工作业务	发挥领导力,构建自己所在团队的团队精神
黄色豆	对所有人都友好相待,乐于助人	了解沟通的重要性并努力实践	主动采取有助于团队精神形成的行动
绿色豆			能够无障碍地参与团队建设

（续）

	员工发展	客户服务	绩效管理
星巴克烘焙2	在全公司范围内建立和实施有效的人力资源发展计划，培养社会认可的优秀人才	通过星巴克日本这个企业提高社会满意度	制定具有变革和挑战精神的业务计划，实现全公司的目标
星巴克烘焙1	制定有效的人力资源发展计划，指导和培养员工，进行人员配置	无须接触终端用户，通过团队运作就能满足较高的顾客要求	在充分认识成果的优先性和质量的前提下，制定并实现团队目标
深城市烘焙	制定有效的人力资源发展计划，指导和培养员工	以"多名"伙伴组成的团队为基础，满足众多顾客的需求，并且满足较高的顾客要求	
城市烘焙	根据人力资源发展计划指导和培养员工	以"多名"伙伴组成的团队为基础，满足众多顾客的需求	实现个人和团队目标
肉桂烘焙	在对待包括日常工作在内的所有工作的态度上以身作则	为顾客提供一对一服务，让顾客满意	能够以个人目标和团队目标为行动准则
黄色豆	指导新聘用的"伙伴"完成日常工作		实现个人目标
绿色豆			

一般来说，如果考核结果缺乏说服力，那么原因大多是定性评价过多，容易受考核人的主观性左右；或者考核人本身没有经过充分的训练。

由于在目标管理和胜任力评价中都大胆地保留了定性的部分，因此，星巴克需要采用多个上级管理者进行评价的方式，以保证评价结果的说服力。不过，这种多方面评价的模式仅针对高级管理岗位。

另外，其他企业关于胜任力的定义和说明通常都非常详细，包含几十甚至数百个条目。但仅从星巴克的人事考核表来看，关于胜任力的评价这一块只提供了六个胜任力维度和三项技能作为考核项目。也许除了这张考核表之外，还有其他针对更详细项目的评价表，但遗憾的是，我们在调查中没有机会询问相关的具体情况。

胜任力的评分由身为考核人的上级管理者打出的平均分决定。最终评价结果则由每个人的MBO表评分和胜任力考核结果综合决定。员工第一次考核的成绩是绝对的，但最终的综合考核结果却不是绝对评价而是相对评价（见表8-3）。

一般来说，员工对相对评价的接受度总是低一些，因为如果被考核人的第一次评价结果非常好，那么谁会愿意由相对评价决定自己的最终排名呢？另外也有人指出，终审人很容易凭自己的主观判断来决定考核人的最后成绩。但星巴克

表8-3 人事考核表

2001年度人事考核表（高级顾问）

所属岗位		ID		胜任力水平		名字	
门店·团队名							

第一次考核（绝对评价）

胜任力评价
（请参照胜任力一览表）

	自我评价	上级评价
款待精神	___分	___分
沟通交流	___分	___分
团队合作	___分	___分
员工发展	___分	___分
客户服务	___分	___分
绩效管理	___分	___分
人际技能	___分	___分
技术技能	___分	___分
概念性技能	___分	___分
胜任力评价结果	平均结果	平均结果

6分：大幅超过目标要求　　5分：超过目标要求
4分：正好满足目标要求　　3分：略低于目标要求
2分：低于目标要求　　　　1分：大幅低于目标要求

※根据上级评价的平均分算出胜任力评价结果。注意总体分值平衡，防止出现明显的低分项目。

MBO评价（请参考MBO评价表）

	上级评价
MBO评价结果	

第一次考核结果（根据胜任力和MBO评价结果算出矩阵面积大小）

	上级评价
MBO评价结果	

小组经理评价

胜任力评价结果	
MBO的评价结果	
小组经理评价结果	

小组经理签名：_____
如与第一次考核结果不同，请说明原因

部长评价

胜任力评价结果	
MBO的评价结果	
部长评价结果	

部长签名：_____
如与第一次考核结果不同，请说明原因

部门领导最终考核（相对评价）

最终考核结果	

最终考核人签名：_____
如与第一次考核结果不同，请说明原因

本人评语：_____
第一次考核人评语：_____
第一次考核人签名：_____

之所以采取这种方式,可能是出于对企业资金配置的考虑,因此十分重视薪酬审定制度的应用。

星巴克对员工第一次考核采用的绝对评价法非常简明了。将 MBO 评价中的目标完成度得分与胜任力评价得分交叉相乘,得出的数值(矩阵面积)大小即决定了最终人事考核等级符号(见图 8-2)。

这样看来,星巴克已经将一般日本企业常用的工作绩效评价和工作态度评价等项目吸纳在胜任力之中了,确实十分简洁,但这种评价方式是否正确,并且更透明、更有说服力呢?这一点依然令人担忧。除非考核人的水平相当高,否则就不可能采取如此果断的评价制度。

8.3 对理念实现程度的评价

非制度性评价和雇佣情况

"顾客快照"方案

星巴克采用了一种独特的方法,名为 Customer Snap Shot(顾客快照),目的是检验门店运营是否依据星巴克的经营理念,以及是否成功地将这份理念传达给了顾客。这是一种匿名调查,俗称"神秘客调查"。

根据这个方案,星巴克的所有门店每个月都要接受一次

第一次考核由考核人通过以下方法进行
第一次考核为绝对评价,最终考核(第二次或第三次考核)为相对评价

胜任力评价
七个项目

MBO评价

➡ 最终评价结果
(最终人事考核等级符号)

最终考核等级符号的推算方法

通过综合胜任力评价结果与MBO评价结果,得到的矩阵面积大小决定考核等级符号。如下图

胜任力与MBO构成的矩阵面积

MBO评价结果						
S=6	6	12	18	24	30	36
A=5	5	10	15	20	25	30
B+=4	4	8	12	16	20	24
B=3	3	6	9	12	15	18
C=2	2	4	6	8	10	12
D=1	1	2	3	4	5	6
	D=1	D=2	B=3	B+=4	A=5	S=6

胜任力评价结果

矩阵面积大小与考核等级符号

面积	考核符号
26~36	S
19~25	A
10~18	B+
5~9	B
3~4	C
1~2	D

根据矩阵面积大小推算最终考核等级符号的矩阵

MBO评价结果						
S	B	B+	B+	A	S	S
A	B	B*	B+	A	A	A
B+	C	B	B+	B+	A	A
B	C	B	B	B+	B+	S
C	D	C	B	B	B+	B+
D	D	D	C	C	B	B
	D	C	B	B+	A	S

胜任力评价结果

图8-2 人事考核体系

突击检查,确认门店的服务水平是否足以让星巴克为之骄傲,是否真正从顾客的角度出发,让顾客满意。

"神秘客"这个名称给人的印象可能不太好。但是在星巴克,"顾客快照"的存在并不是为了吹毛求疵,它是一个积极的反馈通道。

调查的具体内容是:接受调查委托的匿名调查员乔装成普通顾客走访门店,根据详细的分类调查表,从"服务""质量""环境"等方面对门店的经营情况进行评分。

在所有门店,调查员都是在相同的条件下点餐,并且针对店员打招呼的方式、咖啡的温度和重量乃至卫生纸的补给情况等,大约一百个评价项目进行详细的打分。比如"进店时是否得到了热情的欢迎""店员需要多长时间才能注意到正在浏览货架的顾客并与之交谈""是不是一家让人想介绍给朋友的店""滴滤式咖啡的温度是否在72℃以上""咖啡的温度、重量、味道、香气如何"等。

所有评价结果均以分数形式呈现,满分为100分,门店的成绩将被公示。90分为"顾客快照"调查的合格线。

作为验证星巴克愿景和使命是否在门店层面得到体现的手段,"顾客快照"对门店评分的结果是极其重要的;同时,它作为门店运营和人才培养的重要数据,也在各方面得到了重用。

虽然"顾客快照"的评价分数对人事考核结果没有直接影响，但在其反馈信息和目标设定中，"顾客快照"评价可以说是一个比较有影响力的间接因素。

聘用与星巴克价值观相同的人

星巴克正式员工的招聘流程包括根据申请表的书面遴选、笔试、小组讨论、个人面试等筛选程序，但作为一家人气极高的企业，近年来，星巴克对正式员工的录用标准提高不少，因此招聘的方式也经常发生变化。

另外，在招聘兼职"伙伴"的时候，星巴克看重的标准则是：这个人是否能对星巴克的核心价值观，即"传递感动，丰富生活"产生共鸣。在招聘过程中，星巴克也是根据自身胜任力模型中所刻画的理想员工形象来选择录取对象的。

星巴克员工的工作不仅仅是卖咖啡而已，而是让顾客在"第一空间"（家）和"第二空间"（职场或学校）之间的"第三空间"——星巴克里度过一段愉快的时光。在这里，顾客的心中充满了幸福感，享受着自己的那杯咖啡。店员用友好的服务为顾客带去感动，同时自己也感受到巨大的快乐。星巴克需要的就是这样的员工。

对于认同这样的价值观，并且能够在这份工作中获得较高成就感的人来说，星巴克的工作环境真的非常好。

在星巴克工作的人之所以充满活力，就是因为他们是一个有着共同价值观的团队。

星巴克绝对不欢迎那些以"我只是为了钱"或者"孩子大了不用管了所以我来工作"为理由前来应聘的人。

这样的价值观也是全球所有星巴克"伙伴"在工作中坚信的存在意义。

当然了，为了能让顾客对"伙伴"们的服务满意，并且留下深刻的印象，一个能让"伙伴"们愉快工作的环境是很重要的，而星巴克的职场氛围充满了人情味。

因为星巴克认为，自己不是那种规定员工必须做什么的企业，并且良好的工作环境不是由企业来准备的，而应该是在所有"伙伴"都热爱自己的门店的前提下，共同努力创造出来的。其实，这样的群策群力、共建愉快职场的过程，恰恰是一个良好的工作环境和一份有价值的工作所必需的因素。

员工离职率的证明

星巴克较低的员工离职率是其良好工作环境和优秀教育及评价体系的证明之一。

根据厚生劳动省的雇佣趋势调查，餐饮业长期员工的离职率为10.9%（2001年调查），但我在2003年调研时发现，星巴克日本正式员工的离职率在每年1%到2%之间，与行业平均水平相比，这个数字低得惊人。

而即使在应届录用的正式员工中，120个人里面一年内也只有一两个人辞职。餐饮业的另一个特点是对兼职人员依赖性强，而兼职人员的流动性更大。据研究，美国快餐行业兼职人员的平均离职率高达300%。而日本则有大量学生兼职，考虑到他们一毕业就离职所导致的集中性劳动力短缺时期的存在（比如三月用人危机），日本餐饮业兼职员工的离职率可能相当之高。但星巴克的兼职员工离职率却不到20%，数字依然低得惊人。

第 9 章　打造具有强大凝聚力的组织

"在两三年内,我们与百事可乐的合资公司,靠瓶装弗拉奇诺和其他新产品应该能够获得超过 10 亿美元的收益,这比目前整个星巴克的年销售总额还要多。但我们的目标远不止如此。因为星巴克最根本的基础并不仅仅在于发展壮大,而在于我们与员工、顾客以及股东之间热情和真诚的纽带。"

——霍华德·舒尔茨,《星巴克的成功物语》(日经 BP 社)

9.1　提升组织竞争力

人力资源是核心竞争力

在过去,很多企业采用的都是以职务为中心的人事制度,根据职务说明书明确员工的角色、权限和责任,并将职务说明书作为给予员工评价和待遇的依据。但现在,这种以职务(工作)为中心的人事制度越来越无法灵活快速地应对市场和技术日新月异的变化。

企业们普遍发现,这种制度会降低组织的灵活性,容易导致管理者错失商业机会,阻碍创新。这促进了"去职务化"的发展,根据职务说明书管理员工的理念逐渐弱化。企业的目标开始向着"高组织承诺"转变,这也成为企业所重视的价值观和必须达成的目标。

而在这个过程中,越来越多的企业开始意识到,他们和员工之间不单单是雇佣关系,员工应该被视为共同努力实现目标的伙伴。

为了及时响应市场的需求,企业需要能够在与客户接触的那一刻立即判断应该做什么,又应该怎么做,而不是通过复杂的阶层结构自上而下地传达指示和命令。因此,企业开始向员工下放权力。

企业必须成为以员工的自我控制为中心的自律型组织,而不能依赖于上级的监督和管理。在这种组织中,管理者没有必要充当检查员,他们将从管理和控制的角色转变为支持下属员工成长和发展的企业教练。星巴克就是一个这样的例子。

以波特的理论为代表，20世纪80年代的战略管理理论主要分析的重点是企业的外部环境，中心议题包括如何识别外部环境中的机会和威胁，以及如何应对它们。到了20世纪90年代，战略理论的重点转向企业内部环境，开始关注企业的内在优势（见图9-1）。

图9-1　管理战略的变迁

原因是，面对越来越含糊两可的市场需求和多样化的环境因素，如果企业仅仅着眼于外部环境，已经很难建立竞争优势了。

为了确保可持续的竞争优势，以核心竞争力为基础开展业务的理念就变得十分重要。核心竞争力是企业内在的核心力量，它所具有的优势是难以被模仿的。

星巴克将自己的业务定义为"与人打交道的生意"，不仅建立了一个良好的工作环境（包括福利待遇），还创造出一套优秀的人力资源管理体系。这是一种根植于企业文化的人力资源管理模式，其他企业如果只是模仿它的形式，那么是不会有效果的。这就是星巴克的竞争优势。

企业发展靠的是人

现在，为了实现以顾客为本的管理，建立竞争优势，以及获得卓越的业绩，许多企业都在推进管理模式改革，比如调整经营结构、信息化管理等。他们看似高举着"企业变革"的大旗，然而一旦意识到必须改变自己的工作方式，就会产生抵触心理，以"为时过早"或者"考虑不周"为理由推脱。这就是所谓的"大方向赞同，小方向反对"，它给来之不易的改革造成了巨大的阻碍。

为什么企业进行变革如此艰难？俗话说，"企业靠人"，单靠制度是无法运作企业的。而制度之所以能发挥作用，也是因为人。一个企业的改革与其自身的企业文化、组织能力、人性和人的意识形态有深刻的关系。

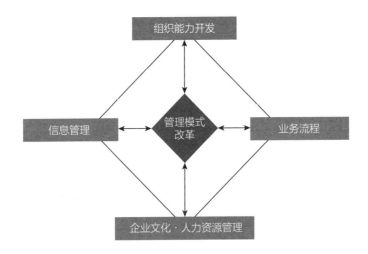

图 9-2 推进企业革新的四个必要条件

德鲁克曾经批判人际关系理论:"只关注人的管理是危险的。"他认为这种管理方式就像给一个哭个不停的孩子吃糖,以达到让这孩子安静下来的目的。

人际关系理论是基于这样的假说而成立的:人类具有友情(比如与同事和上级的关系)、归属感、稳定等社会需求,而企业通过满足员工的这些需求,能够提高其工作积极性。

不过,德鲁克批判的是早期的人际关系理论,在当今社会,一个人的成长欲求,或者说自我实现的欲求是最重要的。

只有良好的人际关系并不能提高企业的经营业绩。如果只追求效率和成本,企业也无法发展壮大。人是有情感的,所以企业必须要理解员工的内心,以人的需求和组织目标相结合的方式进行管理。

星巴克在这种理念的基础上建立了一整套包括评价制度在内的人力资源开发体系，同时确立了鼓励员工自学必要知识和技能的企业文化。虽然不同行业、不同工种的情况各不相同，但是至少在流通服务业，像星巴克这样具备如此优秀的人力资源管理制度的企业着实不多。可以说，星巴克的核心竞争力就在其人力资源管理模式上。

强大的组织需要提升"积极性、能力和环境"的制度

工作的成果是由员工的"能力和积极性"决定的。员工只有能力或只有积极性（干劲）都难以获得成果。而如果员工没有对工作的积极性，那么能力也无法提高。反之亦然，即便员工有干劲，但如果对自己的能力毫无信心，那么就不会有努力挑战的心情。所以，能力和积极性是相互影响的。

流通服务业在培养正式员工和兼职人员的技术技能时，通过对工作进行简化、规范化和分工，以及根据工作手册和现场培训的积累，取得了很好的效果，培养出大批工作能力较强的员工。

但是，干劲往往会被当成员工的自我意识或个性问题来处理，由身处一线的店长或经理来负责激励，并没有多少企业会为了提高员工的干劲而专门构建相关的规则或者具体制度。

而且，即便有的店长十分擅长激励店员，多数企业也会认为这是一种属于个人的能力，不会对其进行系统化的总结，更不会在全组织范围内推行。

有一位科学家说过："只要知道形成问题的原理，就一定能找到办法。"激发干劲也有原理。如果以这个原理为基础来设计方法，那么就能够很好地调动员工的干劲，发挥他们原有的能力。事实上，星巴克就具备这种方法。

只靠奖励并不能够有效地激发干劲

如何提高员工的积极性？那就要让他们能够在工作中感受到快乐和成就感，满足他们各种各样的需求。下面我们来解释一下这些激励的因素到底是什么。

通常情况下，人在进行某项工作的时候会考虑它带来的成果。当然，组织性的成果也是存在的，但人自身也需要某种回报，才会产生主动的积极性。根据成果是否满足自己的需求，人的干劲也会随之改变。

举一个常见的例子：对于业绩超过预算10%的正式员工中的前五名，企业会奖励特别奖金或出国旅游。这样的制度也许可以激励员工为满足自身获得荣誉和奖励的愿望而拿出工作的干劲来。

反过来说，当员工持续无法达到预期目标的时候，如果企业给予其减薪或罚款的处置，那么他们则会为了面子或利益而拼命工作。这也是满足了他们想要避免失掉面子或者损失金钱的需求。

这种简单的方法，也可以说是一种回报和奖励，或是对于利益损失的一种防御。这是起步阶段的激励方法，每个行业都有许多企业采用。

然而，这些以奖励为手段的激励措施，被人们形容为"在毛驴的鼻子前面吊一根胡萝卜"。它的有效性是一时的，不是可持续的。而且，如果过于频繁地重复同样的方法，在不增加奖励的数量和质量的情况下，效果就会降低，况且即便增加奖励，也不一定能获得与增加幅度相应的成果。

还有一种方法不提供一时性的奖励，而是彻底的业绩主义（这里指的是结果主义），比如以业绩为依据决定店长的工资。其中有些人的年薪可能轻松就超过了一千万日元。但总的来说，同一行业内的工资分配资金结构没有太大差异。

所以如果按照业绩分配，那么与那些高收入者相反的另一个极端，可能就是因为工资达不到一般水平而哭泣的人们了。

如此巨大的薪酬差距，对于意在满足员工需求的制度来说是理所当然的，但作为组织和团队来考虑，就会产生一个问题:它能否带来组织活力和组织成果的提升?

当然,这并不能否定工资等金钱形式的激励作用。只不过,它的作用是有限的。钱当然非常重要,但它买不到满足感和自豪感。那么,企业到底应该如何激励员工呢?

这个问题的明确答案就是赫茨伯格的"激励因素－保健因素理论"。

胜于报酬的东西

管理学者赫茨伯格指出,激励有两种类型:一种是提高工作积极性的因素(满意因素),另一种是只在心理和情绪方面起作用的保健因素(不满意因素)。他认为,在职场上,报酬和福利等工作条件是员工产生不满和工作积极性降低的一个因素(保健因素)。

赫茨伯格的研究证明:如果保健因素中的工资和工作条件不达标,对企业的工作开展就是不利的。但反过来说,即便这些条件高于标准,员工的工作积极性也没有多大变化。并且,当人们对自己的工作不满时,更容易关注工作环境。

赫茨伯格认为,"感兴趣的任务"和"自主的参与"是人们产生旺盛动力的重要因素,而工作时间和报酬等条件只是保健因素,其作用是防止不满的产生(见图9-3)。

> 一种从动机（目标）来考虑人的行为来源的理论
>
> ● 当人们对工作不满时，他们的关注点就会转向工作环境。
>   →该因素是保健因素（环境因素）
>   • 公司政策、管理者的态度、工作条件（金钱·时间·地位）
> ● 当人们对工作感到满意时，他们的注意力就会集中在工作本身。
>   →该因素是激励因素（动机因素）
>   • 对实现目标、责任和权力的认可、理解和赞赏

两个因素之间的相互联系是薄弱的
• 满足环境因素虽然能够缓解员工的不满，但并不能提高其积极性
• 工作上的成就感、他人的认可、被委以重任等工作上的价值，都是激励人们更加努力工作的因素

图9-3 赫茨伯格的激励因素理论

虽然星巴克采取了极其积极的措施来改善工作条件，包括员工的福利待遇，但客观上，餐饮业的工作条件确实不如其他行业，与其他行业相比，星巴克的工作条件也称不上特别的好。

但我们也可以说，星巴克终于把赫兹伯格所说的保健因素拉高到了其他行业的水平。

总的来说，星巴克被认为是通过福利待遇为员工提供了很好的激励。但我认为更重要的是，星巴克拥有一套能够提高组织和目标承诺，并且让"伙伴"们在工作上获得满足感的制度。

赫兹伯格认为，工作内的满足来源于工作本身，他将以

下五项称为"激励因素":通过工作获得成就感;工作成果得到上级和同事的认可;在工作中能够发挥自己的知识和能力;被委以重任;通过工作获得自身发展。星巴克正是具备了这些因素。

需求的满足是复合式的

当我们饿了或者看到美食的时候会有食欲;如果工作太忙,就会想偶尔去泡个温泉放松一下。从沉迷于自己的兴趣爱好、渴望好好睡一觉、到性方面的需求——人的需求多种多样。

有的人想要实现自己的理想,有的人想要活出生命的精彩,有的人想要帮助他人和社会等。

马斯洛把这些不同的需求分为几个阶段。他认为人的需求就像一个阶梯,从低级需求逐渐上升到高级需求,最后达到自我实现的需求。这就是马斯洛的需求层次理论(见图9-4)。

但是,从某种程度上来说,人的需求并不是简单的由底层上升到顶层的东西。实际上,与其说需求是阶段性上升的,不如说低层次的需求是一种必要条件,即便没有完全得到满足,我们仍然可以有自我实现的需求。

以我自己为例,虽然我可能无法实现拥有自己的房子,

也无法为自己的退休生活攒下一千万日元,但当我看到人们遭受灾难时,我就想尽自己的绵薄之力帮助他们。还有我长久以来的出书梦,现在就已经实现了,可见,人们在低级需求没有得到满足的时候也能够怀抱梦想。

一种从吸引力(需求)来考虑人的行为来源的理论

第5阶段	自我实现需求	渴望发挥自己的能力和潜力,进行创造性活动,实现个人成长(想成为理想的自己)
第4阶段	自我需求(尊重需求)	对发挥自身能力和潜力,进行创造性活动,实现个人成长的需求(想成为理想的自己)
第3阶段	亲睦需求(社交需求)	对群体归属,对融入其他人的需求(想进入某个圈子,想从属于某个群体)
第2阶段	安全需求	对安全的需求,比如想要安定的生活
第1阶段	生理需求	衣食住以及其他生活相关的基本需求收入、时间、食物和生理的需求

图9-4 马斯洛需求层次理论

同样的,当人们的自我实现的需求得到满足后,心态会更加放松,其他的欲望也会被激发或者被改变,比如愿意成为组织的一员,或者不再执着于金钱。

至于工作,也不是单纯只为了赚钱的生理需求。即便是薪水不高的人,也需要自己的工作和自身存在的价值得到认可,并且需要来自同伴的鼓励。如果这些需求得到满足,那么即便工资等低级需求得不到满足，工作的积极性也会提高。

当然，通过工作为顾客和社会做贡献的需求也是一种激励。

也就是说，人类其实是在以一种复合方式满足自己的各种基本需求，同时又以自我实现为目标而延续生命。

所以，管理者要清楚员工的需求指向哪里，而不是一味地指责他们"满脑子都是钱"或者"又想偷懒了"。重要的是想方设法满足他们的需求，只有这样才能调动他们的工作积极性。

9.2 成果主义

什么是成果主义

星巴克的人力资源体系是基于成果主义的，即"根据个人目标实现的结果或个人活动产生的成果和价值支付报酬"。从战略的角度来看，我们可以将它视为一种人力资源管理制度，"旨在创造基于公司理念和愿景、鼓励成果导向行为的企业文化"。也就是说，它不仅是一个奖励制度。

而最终目标是创造一种"能够让每个人都按照企业或组织的愿景为实现企业价值主动做出贡献"的企业文化。

本节将重点阐述成果主义的评价制度，即成果主义以什么为标准评价"成果",以说明它与传统的业绩主义以及能力主义有什么不同。

很多企业采用的"职务等级制度"和"职能资格制度"都是基于个人的能力而建立起来的,即能力主义。企业根据"职务等级标准"和"职务说明书"之类的文件刻画理想的员工画像(能力条件),以此为模板对员工进行能力开发,希望他们能够符合这些书面的标准,并且对能力开发的结果进行评估,最终按照业务能力决定职能工资。

另外,业绩主义(或结果主义)是围绕着工作绩效建立起来的评价制度,企业将销售额、营业利润等数据结果视为一个人的工作成果,并对此进行绩效考核,从而决定报酬。这就是所谓的职务工资。

至于成果主义,有人认为它是业绩主义的一种延伸,但我认为,成果主义包含了能力评价和业绩评价,并且更进一步将个人对企业价值的贡献行为也纳入了评价对象。也就是说,成果主义的人事考核是能力评价+业绩评价+行为评价的组合。

以星巴克为例,其业绩的评价标准是目标管理,行为的评价标准则是胜任力模型。

推行成果主义的背景和目的

企业推行成果主义的原因是多方面的,其一就是企业面临着亟待解决的财务问题。

现在，由于人工成本上升和利润率下降，导致劳动分配率上升，这让很多企业苦不堪言。由于环境的急剧变化，曾经支撑着日本经济发展的年功序列制度出现了制度疲劳，在如今的环境中已经难以维持。企业不可能依靠"过去的好时光"留下的遗产在竞争中取得一席之地，如果不及时解决这些问题，甚至会危及企业的生存。因此，当务之急是对人工成本进行削减，并且将其转为可变支出。换句话说，企业迫切需要调整人工成本结构，令其能够随企业业绩的变化而波动。不过，这还不是企业将目光投向成果主义的真正原因。

企业之所以寄希望于成果主义，是因为他们为了在竞争中幸存，必须对现有体制进行彻底的改革，以人力资源管理为支柱建立未来的竞争优势。这是一种战略性的选择。

其目的是出于长期的考量，为了实现组织的独立发展，提高企业竞争力。成果主义不是简单地通过与业绩挂钩的工资制度降低人工成本，也不是在毛驴的鼻子前吊一根胡萝卜或者快马加鞭——如果只是这样，它和古老的佣金制就没有什么区别了。

成果主义的目的是为了奖励那些遵循企业或组织的愿景和战略，主动为创造企业价值做出真正贡献的人。

对于这些拿出成果的人，企业不仅会给予金钱上的奖励，还建立了一套完整的金钱以外的奖励体系，以提高企业竞争力。

不过，要注意的是，千万不能因为过于关注问题的大小而失去战略视角，否则可能导致企业在不知不觉间陷入结果主义的陷阱。切记，成果主义绝不是结果主义。

成果主义的优点和注意点

当成果主义制度运作良好时，每个人都会按照自己的初衷主动工作，在努力创造企业价值的同时，也形成了一种自我控制的企业文化。自我控制就是"设定自己的目标，制定实现目标所需的行动计划后亲自执行、验证和修正"，也就是让PDCA管理循环首先在个人层面运转，然后再进一步升级为组织层面，实现不断发展。

一旦确立了这样的制度，员工的努力方向就取得了一致，他们对业绩的关心度也会变得更高。在正式员工心中，挑战精神和对管理的参与意识开始萌发。在此前提下，与业绩挂钩的工资制度才能发挥作用。同时，这也会营造最佳的自我激励文化。

但实行这一制度也存在着风险。比如，容易将成果主义误解为结果主义。如果成果主义推行得成功，那么就能为企业注入活力；但如果采取了错误的推行方式，那么反而会导致企业文化走上歪路。

如果没有完全理解和贯彻成果主义原本的宗旨，那么就会导致企业只关注制度的表面，误认为"结果就是一切"或者"只要销量好就没有什么可抱怨的"。这种心态最终可能波及员工，破坏和谐的工作氛围，使他们对工作的价值和生活的意义感到迷茫。

另外，缺乏透明性的问题也会让人产生不公平感。这可能会导致员工感情用事，无法很好地自我控制。

在星巴克，员工在目标管理的目标设定和反馈阶段，都会与上级管理者进行密切的沟通，以防陷入结果主义，出现缺乏说服力的结果。

9.3 目标管理的重要性

目标管理的理念与目的

目标管理是最优秀的管理技术之一。但如果说除了目标管理企业就没有其他选择，也有点言过其实。不过，虽然如今新的管理技术层出不穷，但它们的根本理念中都有目标管理的影子。

目标管理不是一种新的管理方法。大约在 1965 年传入日本，至今仍在不断完善，成为更加贴合现代思维方式，更加优越的方法。目标管理之所以不会过时,是因为它所蕴含的深刻哲学底蕴。顺带一提,据说东芝是日本第一家引进这种方法的公司。

目标管理是管理学家德鲁克提出的概念,指的是"自己决定自己的目标,为实现目标而实行自我管理的技术"。

这个过程按照 Think→Plan→Do→Check→Action 的顺序,需要做的具体工作依次为:1)分析现状;2)制定目标;3)制定目标的实现方法并行动;4)评价成果;5)建立制度。整个过程都以自我控制为原则。

目标管理包括自己鼓励自己运用智慧,挑战目标。当然了,个人的目标设定是企业和组织目标中不可或缺的一部分。

目标管理给予每个人共同的方向,激励他们独立自主地行动,并将个人的成果与组织目标联系起来。

企业实施目标管理的目的随着时代不同而发生变化,以下我们总结了目标管理在当今这个时代的目的。

1)调整所有人的目标方向

将组织管理目标和业务计划分解到组织末梢,与员工共享目标,并调整所有人的努力方向,达到一致化。目标一致能够让所有人更好地意识到并且理解自己在组织中和在工作中的责任,对组织目标产生更大的认同。

2）调动所有人的参与积极性

让人们努力工作的手段有两种：激励（Incentive）和动机（Motivation）。前者主要是金钱上的奖励，是一种外在的激励，也可以说是一种活用"糖果和鞭子"的方式。后者则是内在的动机，目标管理的重点就是这种内在动机。如果员工能看到实现目标的过程和成果，那么他们的信心就会增加，干劲也会提高。在此基础上设定新的目标，接受新的挑战，不断积累成功经验，就能够提高员工在工作中的满足感和成就感。

3）灌输管理意识

让员工也学会用管理者的目光看待事物。激发他们对企业理念与前进方向的认同感，以及与企业共同作战的觉悟。

4）培养能够自我控制的人才

自我控制即通过自我管理制定目标和行动计划，主动且独立解决问题。但它不等于任意妄为，而是在某个目标的前提下，每个人自主控制自身工作，实现目标的过程。

5）将目标管理作为人力资源开发工具进行活用

正式员工和兼职人员的教育以岗上训练为主。岗上训练也应以目标为基础进行管理，形成一个促进员工主动工作，并且保持自学习惯的组织。

6) 把以组织为中心和以人为本的管理结合起来

将两者结合的目的是平衡组织的要求（成果）和个人的需求（人际关系），而不是非此即彼。这有利于在正式组织中，使上级管理者和员工就共同目标建立合理的沟通。

7) 让待遇与成果成正比

随着年功序列制度和终身雇佣制度的瓦解，将工作业绩与报酬和奖励挂钩的想法在企业间已经变得非常普遍。在成果主义或者说业绩主义至上的管理领域，目标管理发挥着至关重要的作用。

简单来说，目标管理就是一个运转的PDCA循环，这是每个企业都具备的东西。然而，它还有更重要的意义。以下是对其意义的总结。

第一，"它是保持PDCA循环不断运转的动力"。

为什么在任何公司、任何职场，即使PDCA循环在运行，也会出现业绩上的差异？问题就出在PDCA循环的运行方式上。而目标管理对PDCA循环的正常运行来说是不可或缺的。

第二，"它能让自上而下与自下而上的管理方式相结合"。

在企业中，自上而下和自下而上两种形式的管理是并存的,但两者似乎很少能在一个方向上齐头并进。目标管理则能够将两者连接和整合起来。

第三,"它能激发员工的干劲和团队精神"。

目标管理可以让每个人对工作的价值和自己的责任有一个明确的理解认识。同时也让整个组织团结一致,向着共同的目标,引导良性竞争。

目标管理的类型

企业采用目标管理的目的是多方面的,比如提高业绩、改革企业文化、转变员工态度、培养员工积极性、促进业务改善、提高员工的沟通能力和团队精神、鼓励员工发挥主动性、引进成果主义、改良评价制度等。根据具体工作内容和目的的不同,目标管理的类型也不同。

大体上可以分为以下三种类型:①任务导向型,追求成果,即组织的要求;②以人为本型,关注人的需求,重视激励动机,提升组织能力;③两者兼顾型,任务的要求与人的需求两者并存。下面总结一下这三种类型各自的特点。

①任务导向型目标管理

目标=定额,而目标是被自上而下地给予员工的。实现目标是绝对的要求,不允许有任何借口或懈怠。唯一交给个人负责的是实现目标的手段和方法。在这种情况下,首先最高管理层给出了一个目标,而实现这些目标的手段和方法就是下一级管理者,即中层管理人员的目标。实现中层管理者目标的手段和方法又成了再下一级人员的目标——以此类推,按照目标→方法＝目标→方法＝目标……的路径,上级的目标被分解成各级目标,自上而下层层传递,形成了始终一贯的目标制定方式。

一方面,这种方式的好处在于,能够确保组织目标和个人目标的一致性。个人目标的实现即等于企业目标的实现,也就是说两者是直接相关的。

另一方面,它的缺点在于,从上级传递到下级的目标可能与现实相去甚远,比起目标更像花哨的口号,有名无实。

更有甚者,它可能导致下级员工的逆反心理,认为自己是被迫接受任务,唯恐避之不及,使得这种消极氛围在组织内部蔓延。这样的失败案例有很多。

但是,在个人积极性和组织凝聚力很强的企业,以及员工都拥有坚定的自我实现目标的企业,它对提高业绩是非常有效的。如果是有独立或创业梦想,具有较高组织承诺的集团,那么效果就更好了。

②以人为本型目标管理

这种类型认为目标≠定额,目标管理是"自己决定自己的目标,为实现目标而实行自我管理的技术"。目标管理通常被统称为 Management By Objective，但其实这个词组还有后续，完整的说法应该是 Management By Objective And Self Control。也就是说，如果忘记了自我控制的原则，那么目标管理也就不成立了。

自我控制是指"自己设定目标并约束自己，努力实现目标"。说白了，就是朝着目标自我鞭策。

这种类型的目标管理与任务导向型相反，采用的是自下而上的管理方式。目标以及实现目标的手段和方法基本由个人决定。在这种以人为本的目标管理中，员工自己决定自己的目标，从而加深了员工对目标的信念和承诺。

过去，日本企业大多采用这种以人为本的目标管理方式。因为日本企业刚开始引进目标管理的时候，特别强调麦格雷戈的 X 理论、Y 理论等人际关系论，而日本文化本来就对此类理论的接受度非常高。

都说日本是一个信奉"性善论"的国家，日本人的主流观点认为，人类基本都有上进心和优秀的能力。即使在目标管理上，主流的做法也是让员工理解自己应该完成的工作（任务），理解自己应该辛勤工作，而不是给他们下达定额任务。

但是，如果将工作过度地托付于个人，可能导致他们刻意降低目标，或者自私自利，引起个人目标与组织目标冲突的问题。

在最坏的情况下,目标管理甚至有沦落为小团体内部活动的危险。管理者必须警惕"以人为本"变成"偷懒",绝不能以"我不说他们应该也明白""没必要规定那么多条条框框"或者"用不着一一检查"的心态让员工自由发挥。

③两者兼顾型目标管理

这种类型认为目标≠定额。在此类型的目标管理中,虽然目标是个人认同并且制定的,但是企业要使这个目标与组织目标相一致,所以这一目标既要追求组织活性化,同时也要确保成果。

它将自上而下的目标和个人自主决定的自下而上的目标摆在一起审视,使两者相互协调,最终实现兼顾。有人可能会认为这是"鱼与熊掌不可兼得",但今天的目标管理就是为了实现这种"兼得"而存在的。通过任务导向型和以人为本型的结合,促进员工自律自主,提高组织能力,进而实现企业成果。

星巴克的目标管理就是这种类型。

从组织目标到个人目标

企业实施目标管理之后,能否达到预期的效果,取决于企业有没有"良好的目标"和"正确的动机"。

一个良好的目标应该是这样的：①能够把个人目标和组织目标联系起来；②能够具体表明应该实现的成果或目标；③能够监测进展和完成度，并提供评价的指标；④是合理和适当的目标；⑤是由组织内部或上下级商定的令人信服的目标；⑥是能够带来重大变化的关键项目。

而正确的动机就是"有没有干劲"。如果对目标毫无兴趣，没有恒心和毅力，那么再好的目标也无法实现。

在目标管理中，员工自上而下管理是基本的方法。但光靠下达任务是不能让员工产生干劲的。如果不经过沟通取得共识，那么他们就不会主动产生干劲和奋发的心情。

良好的目标和正确的动机其实是一回事。让员工参与目标制定，形成共识，深入目标建设的整个过程，这对激励他们是有效的。

因此，成功的目标管理的关键之一就是：在制定个人目标之前，让个人参与企业或部门的目标制定。

如果整个组织思想统一，目标一致，那么下一步制定个人目标时就不会出现混乱和偏差。这就是我们必须精确制定组织目标的原因。

打破"大方向赞同，小方向反对"

很少有人会反对企业为了发展而做出改变的尝试。但是，一旦他们意识到必须改变自己所属的部门甚至必须改变自身，犹豫和抵触的心理就产生了。"大方向赞同，小方向反对"就是横亘在企业改革面前的一堵高墙。

他们会说："为什么要在这么忙的时候搞新花样""徒劳罢了，反正也不会有什么效果"或者"还是老样子，到头来都是形式主义，有名无实的制度而已"。自以为看透一切，工作态度越来越消极。

因此，企业内部改革难以推进。无论是目标管理还是业务改革，结果都会遭遇来自个人的抵触情绪，人们不愿意改变自己，而整个组织都弥漫着这种氛围（见图9-5）。

员工大多数情况下面对变革的态度……大方向赞同，小方向反对

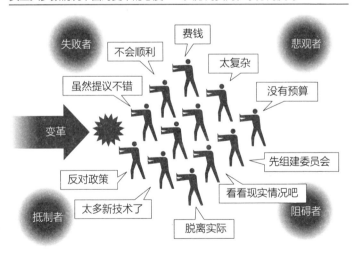

图9-5 大方向赞同，小方向反对

在这样的目标管理中,即使高层展示了愿景,中层建立了制度,只要作为主角的基层员工没有干劲,那么再优秀的理念和制度都会成为纸糊的老虎。

员工是跟着自己的上司行动的,从这个意义上来说,目标管理的发展应该从改变领导者的思想观念开始。

为了把目标管理作为一项制度来推行,企业首先必须建立制度的框架,以及结构和规则,但在这之前,企业必须考虑如何改变人们的观念。

从这个意义上来说,星巴克从员工入职开始就向他们传达企业理念和企业信仰,获得他们的认同,这种方法是非常有效的,如果没有这一步,即便企业建立了目标管理制度,也很难继续向前推进。

目标管理是一个重视理念和积极性、而非制度和技术的系统。在一个技术性的制度中,只要按照工作手册规定的程序和规则进行工作,就能取得一定的结果。技术性的制度更注重流程。

虽然在目标管理中也有作为制度的规则,但每个实际执行者的想法对结果有很大影响。因此,推行目标管理首先必须诉诸员工的意识形态。

设定恰当的目标

目标管理中的"目标",既不是梦想,也不是愿景,而是与我们的实际工作密切相关的东西。企业不能把目标当成口号，也不能让目标脱离实际，否则最终也会变成空口白话而已。

管理者要激励和培养员工，但如果给他们的目标太大太难，导致他们还未尝试就已泄气，那么就是极不明智的。

确实，"死里逃生"的情况不是没有。需要把自己逼到那种程度才能发挥出真正实力的人也许是存在的，但这不是普通人能做到的。一般来说，理想的目标应该是让人稍微努力一点就能看到实现的希望，这样才能激起人的干劲。

这种目标被称为"延伸目标（Stretch Goal）"。也就是说，只要踮起脚尖或者伸展一下手臂就能够到的目标。

著名投手村田兆治说过："如果你把目标定得太远，那么你只会发现自己的无力。应该把目标放在自己拼命伸长手臂才能取到的位置，因为这样才有实现的可能，只要再努力一把就好。拥有远大的目标虽然也很重要，但是设定无法实现的目标就毫无意义。可实现的目标是一种鼓励，而竭尽全力也无法实现的目标则是画饼充饥。"

对于临时工和兼职工来说，目标太高，甚至会成为一种负担。

有一个词叫作"Baby Step（婴儿学步）"，意思是通过积累小的成功的体验，逐步实现目标。领导者在制定目标的时候，应该考虑这一点，让员工感受到挑战目标的乐趣，建立起实现目标的信心。

另外，领导者应该强调：目标不是单方面给定的，而是双方共同商定的。让员工对目标产生承诺感，理解它不是被给予的而是属于自己的。这会让他们更加积极地面对挑战。

马拉松选手高桥尚子说过："如果你想一口气就爬上长长的楼梯，就会在途中筋疲力尽。但是只要你一步一步地慢慢往上走，即使多花点时间，最终也会到达顶端。"她是想告诉人们，即使是奥运会夺冠这样的宏伟目标，也得从实现近处的目标开始，稳步攀登。在商业世界中也是如此。

评价的方法及理念

目标管理活动的结果评价的重点是"实现程度"和"贡献程度"的高低。但在实际工作中，根据工作的难易程度不同，"实现程度"和"贡献程度"也会发生变化，因此，评价过程不能脱离"重要性"的视点。在某些情况下，员工虽然没有得到成果，但"行为"和"努力"本身也是值得肯定的。考虑到这些因素，要做出完美的评价确实非常困难。不过，企业在建立评价体系时，有一些要点依然是需要引起注意的。

① 评价"实现程度"不能脱离"重要性"和"难度"

这一点在目标制定表的设计阶段就应该考虑到。针对每一个目标设置难度和重要性。通过设置难度级别，使各人各目标难度一致，保证公平性。以店长的销售预算完成度为例，每个地区的竞争环境、经营资源等外部干扰条件（企业无法解决的天灾等）和限制条件（法律、规章、人力、物力和金钱等管理资源的状态以及来自股东等利益相关者的制约）都各不相同，每个店长完成目标的难度也不同。因此，企业必须在难度上考虑受到这些条件限制的目标的完成水平。

重要性就是"对组织目标有多少贡献"。在评价阶段，最终评价由目标完成度与难度和重要性相乘得出。例如，目标完成度是100%，难度是80%，重要性也是80%，那么最终的目标实现程度评价就是64%。

② 不只肯定结果，也肯定行为和努力本身

如果企业只对结果进行可计量的评价，却忽视了人在活动过程中的努力和聪明才智，那么这种评价方法也是有问题的。目标实现程度的评价中应该加入针对员工行为和努力的评价。不能否认，这可能会导致感情用事的倾向，但这种修改依然是有必要的。不过，企业不应只是将它们直接放进对结果的评价，而应该在对结果的评价之外，另外对"员工本人在得到目前结果的过程中到底做出了什么样的行为和努力"进行密切的考察。星巴克的胜任力评价就是一个很好的例子，根据"使命"判断个人在实现目标的过程中采取了哪些行动。

③评价是目标管理成功与否的关键

错误的评价会毁掉一切。评价结果必须经过慎重的考虑、设计和操作。尤其要重视透明度、公平性和说服力。说起来似乎简单，但实际操作起来却没那么容易。

如果是有数字的目标，那么结果就很清楚，也很容易评价。但如果像星巴克那样，评价难以用数值来量化的定性目标，那么保证公正、有说服力的评价结果是最不容易的。因此，比起评价制度本身，更为必要的其实是统一评价尺度，培训考核人员，提高他们的技术水平，减少他们的差异性。

④将目标管理评价与人事制度挂钩

为了鼓舞员工的士气，使目标管理常规化，并获得可持续的成果，企业必须对个人进行正确的评价，而且必须对个人所取得的成果给予合理的回报。从这个意义上来说，如果企业不能明确评价制度与薪酬奖励或职务升降等有什么样的关系，那么其作为一项人事制度的透明性就无法得到保障。建立与评价体系挂钩的薪酬体系相对容易，容易出现问题的是人事晋升和降级。

在当今严峻的商业环境中，人们往往会产生一种错觉：一旦组织变动，企业也会被改变。因此，人事方面职务升降的说服力很成问题，而且经常在企业内部引发不信任问题。

成果的评价步骤

自我控制是目标管理的原则，因此，最终的综合评价也应该从员工的自我评价出发，起到鼓励自我启迪的作用。评价表应该包括目标管理过程中获得的事实结果、采取的行为和努力，目标之外的成果，以及对未来的反思和新的目标。

但是，由于在自我评价方面每个人的标准不同，有人对自己宽容，有人对自己过于苛刻，所以，自我评价必须有事实依据，而不是用"我觉得""应该是"之类的言辞进行描述，也不能一味地找借口或自卖自夸。

即便如此，不可否认的是，每个人的主观标准依然是有差异的，因此在自我评价结束后，员工应该制造与上级管理者谈话的机会，这就是所谓的"反馈"。

谈话的四个要点是：①确认事实；②赞扬成功；③反思失败、缺憾和困难；④探讨新目标，鼓励新挑战。

为了减少员工与上级管理者间出现评分差异，综合评价应该尽量简单。例如，在10分制的评价中，上下级各自的判断就容易出现冲突。不妨用 ABC 三个等级，或者再加上 + 或 – 的符号。这听起来似乎过于简单，但简单恰恰是确保双方站在同一立场上的最佳方式。

另外，星巴克对中高层岗位人员进行 360 度的多面评价，从被考核人的上司、其他部门的管理者、同事、下属、业务上的合作伙伴等多个角度进行评价，确保评价结果不会因为考核人出于特定立场或价值观先入为主，也不会因为与被考核人之间的关系或工作往来的密度而产生偏差。这对提高评价的准确性非常有效。

什么样的目标能够提高成果

所有行为都有目标。如果这个目标不够清楚，那么被给予目标的人就会陷入迷茫。只有目标明确，路径清晰，才能让人产生"大干一场"的雄心壮志，并且通过实际的行动变得自信起来。这种经验是最好的激励。

因此，为了激发员工的积极性，引导他们发挥潜能，目标的制定是极其重要的。上级管理者制定目标的方式不同，整个企业可能干劲十足，也可能变得有气无力、岌岌可危。那么，应该如何制定目标呢？

目标制定 5 要素可以总结为一个缩写词：SMART。

①S 即 Specific，目标应该明确而具体

例如，有些商家的目标是"建立让顾客方便购买的卖场"或者"提供友好服务"。这些作为服务态度是很好的，但作为目标就缺乏具体性了。可以在此基础上进一步制定尽可能与行为直接相关的具体目标，比如"为了建立让顾客方便购买的卖场，消除缺货的情况"。

②M 即 Measurable，目标应该是可测量的

为了判断目标是否实现，检查目标的实现程度和进展情况，目标本身应该是可以进行定量化测量的。例如，对于消除缺货这个目标，可以用"缺货时长"的衡量标准来判断它的完成情况。

③A 即 Achievable，目标应该是可实现的、合理的

缺乏事实依据，不可实现的目标，等于一句口号，不能称之为目标。

过低的目标没有意义；过高的目标不切实际，让人尚未努力就想放弃。激励员工迈出下一步的最好方法就是设置延伸目标，把目标放在达到与未达到之间的边缘，让他们积累成功体验。

④R 即 Relevant，目标应该与成果相关联

这里的"成果"是组织的成果。无论多么伟大的目标，

如果与组织的目标不一致,那就毫无意义。作为组织的一员,个人目标必须与组织目标相关联,组织目标必须与企业的整体目标、整体成果相关联。

⑤T 即 Trackable /Time-bound,目标必须是可追踪的/有明确期限的

上司必须跟进员工的工作,监控进展情况,并及时提供必要的支援。为此,目标的实现过程必须是可追踪的。

以上就是 SMART 原则,它能够提醒我们良好的目标应该具备哪些特征。然而,制定兼具以上所有特征的目标毕竟是不现实的。特别是在与人打交道的工作中,与制造业不同,如果一味采用定量评价的方式,可能会忽略其他重要的因素。因此,我们只能说,出于参考的目的,还是掌握这 5 条原则为好。

下面让我们总结一下目标设计的要点:①能够把个人目标和组织目标联系起来;②必须能够具体表明应该实现的成果或目标;③能够监测进展和完成度,并提供评价的指标;④是合理和适当的目标;⑤是由组织内部或上下级商定的令人信服的目标;⑥是能够带来重大变化的关键项目。

有人可能会认为创造目标意味着必须考虑一些特别的东西,但事实并非如此。对于任何事情来说,基础都是最重要的;彻底地理解、掌握基础,对于获得成功有巨大的意义。

另外,目标应始终如一,持之以恒。目标不是一次性的东西。既然有年度或月度目标,那么就应该将它们分解成每周或每天的目标,这也是很重要的。

明确和计划方针

我们经常会听到有些上级管理者在责备下属的时候说类似于"我可不记得说过那种话"或者"你再好好想想"之类的话。

虽然有时候事实确实如此,但如果一开始管理者就能说得更清楚,结果可能就会不一样。

上司如果能明确告知自己的想法,那么下属就能根据这些想法做出决定和行动。作为"靠谱的领导",除了乐于指导和帮助下属,言行一致和逻辑清晰也许是更为重要的素养。

明确方针之后,接下来的步骤是制定具体的组织目标,以及针对目标的行动计划。

组织一旦有了目标,就该开始考虑如何达到目标——这就是计划。通向梦想之路是漫长的,如果定下了实现的期限,那么在那之前的路线设计以及每个阶段的目标设计都是非常重要的。作为领导,一定要及时跟进,帮助下属制定每个阶段具体的目标。

基于正确激励的过程管理

"没有注入灵魂的"目标和行动计划毫无意义。所谓的"注入灵魂"就是"正确的激励",或者说"激发干劲"。目标管理中的过程管理包含两个要点。

①从命令到委托式的管理

说到上司管理下属,大多数人都会想到的模式是"上司下达命令,下属服从"。而检查下属的工作方法和程序,是让下属提高成果的唯一途径,也是身为上司理所当然的职责。

有时候,上司表面上对下属说"交给你了,拜托你了",实际上却会详细监督他们的一举一动,干涉他们的工作细节,通过命令引导他们实现目标。

但这不是目标管理的本质。虽然上司的确需要留意下属的工作进展,但对于详细的工作方法,最好不要干涉,交给下属的自我启发和自我控制。也就是说,上司既不能完全放任,也不能过度干涉。

上司的工作主要是提供建议和指导,至于工作的方式方法和具体的行动过程这一方面,还是应该委托给下属,信任他们,鼓励他们积极、主动和独立地工作。

这就是目标管理体系管理过程的关键。正如本书多次提及的,星巴克正是因为拥有信任"伙伴"、放心把工作托付给他们，并培养他们独当一面能力的这种企业文化，才能顺利地推行目标管理。

②建立信任从顺畅的沟通开始

信任的关系源于顺畅的沟通。沟通是一个消除自我认知与他人认知差异的过程，它的基础信息共享和相互理解。上级管理者应该为员工提供必要的信息，使他们能够正确了解整个组织的情况。持有"员工没必要知道"的态度只会产生信息壁垒，让员工以为自己不受信赖，从而失去积极性。

与员工分享信息，让他们感受到上级的信任，产生工作的动力。员工的积极性高了，自然就能更好地做到自我控制，而上级也能更放心地放权给下属，让他们自己决定自己要做什么。

当然了，信息共享不是单方面的。员工也有义务将工作进展情况及时上报。沟通的第一步，就是双方信息互通。

委托式管理的铁则

委托其实就是一种授权赋能。说起来容易，但实施起来却很难。授权赋能是对对方的信任，而不是放任，也不能免除责任，下属依然必须为最终结果负责，上级管理者要有这个自觉。只有上司做好这样的思想准备，被委以重任的下属才会意识到任务的重要性，才会负责任地行事。

另外，员工也不能轻易要求上级下放权力，首先应当自问是否具备让上级放心移交权力的能力。

在以授权赋能为基础的管理方式中，上级应采取支持的态度，为下级提供建议和帮助，尽量减少指示和命令。

9.4 胜任力的理念

什么是胜任力

"胜任力"这个概念最早由麦克利兰提出。他认为仅靠知识和技能等有形能力不能解释业绩等成果和能力的关系，因此，他对高业绩者进行抽样调查，找出他们实际的想法和行为，从这些事实中总结出让他们获得成果的特定因素，并制定可评价的衡量标准。他将这些特定因素或行为特征定义为"胜任力"。

换句话说，"胜任力是一种模式化的行为特征，它示范了无形的能力是如何被发挥，并且取得优秀成果的"。

那么，到底什么是有形能力和无形能力呢？这里可以参考麦克利兰的"冰山模型"。冰山漂浮在海面上，我们只能看到它露在水面的部分，但那只是整个冰山的一小部分。而隐藏在水下的部分大约是水上可见部分的八倍。麦克利兰说：

"人的能力就像冰山一样。"他认为无形能力的影响力是巨大的。

能力中可见的部分,比如知识和技术,是相对容易掌握的,通过积累经验就能够锻炼和储备这部分的能力。

而沉在水下的部分,包括动机、想法、性格、价值观、行为等,是无形的,也是能力开发中比较困难的部分。麦克利兰把胜任力比作冰山在水下的部分(在广义上,冰山整体都是胜任力,而水面下的部分则是狭义的胜任力)(见图9-6)。

麦克利兰的冰山模型

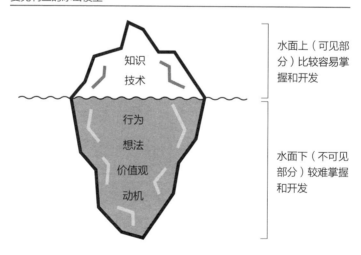

图9-6 冰山模型

职能和胜任力的区别

在日本企业长期以来采用的职能评价中,确实有很多职能都可以被作为胜任力看待。但是,虽然职能评价的核心是"某人能做某事",但这句话包含的意味中更多的是"可能性"和"带着期望的预测"。例如,职能评价会认为"某人应该能做某事,因为他是某名牌大学名牌专业毕业的",而最后的评价结果"某人能做某事"正是这种期望的体现。

另外,胜任力却是与成果直接相关的行动特征,它是以"某某做了某事"和"某某正在做某事"的行为事实作为评价基准的。

因此,职能与胜任力的区别在于,职能更多的是以有形能力,如知识和技能为中心的评价,即"某人能做某事";而胜任力则是以无形能力,如价值观和动机等与具体成果直接关联的行为为基础的。

我曾走访过一家连锁店。那家店的人事部经理告诉我:"以前我们都是通过模仿某个模范人物成长起来的,比如某个可以称为理想店长形象的店长,其他人都会去学他的行为,努力向他的样子靠拢。"

也就是说,曾经胜任力简直就是以实体形式存在于他们眼前的。但那位经理也感叹,现在像那位特别有领袖气质的店长少之又少。

这是因为，工作的内容变得越来越复杂了，必需的知识范围越来越广，单靠某一个店长很难掌握一切要素，成为完美的范本。

如果组织能够明确总结出模范店长的胜任力，那么它们与职能的区别应该是一目了然的。

胜任力来自成果责任

说到底，企业为什么要明确胜任力，并且以它为基准开发、甚至评价能力呢？因为胜任力是与成果直接相关的行动特征。无论员工如何磨炼自己的能力，如果不能带来成果，那么这些能力对于企业来说就毫无用处。所以，为了明确胜任力，首先必须清楚企业追求的成果是什么，在此基础上再考虑应该采取哪些必要行动以实现这些成果。

企业追求的成果被称为"Accountability（当责）"。日语译为"成果责任"，指通过工作活动追求的目标成果。

星巴克追求的"当责"其实就是"使命宣言"本身，它既是星巴克追求的成果，也是星巴克要求"伙伴"们承担的责任。

根据工作性质的不同，针对"当责"所要求的胜任力也不同。所以，如果企业能从"当责"出发，建立明确适应每个岗位或职务的胜任力，那么每个人都能清楚地发现自己到底需要什么才能发挥出本来就拥有的能力。而且，这将对保证量才录用的人事制度起到比以往更有效的作用。

无论是激发个人能力，还是推行量才录用的人事制度，对于企业、组织和个人的成果实现都是必不可少的。这也是我在上一节解释成果主义的内容中提到胜任力的原因。

胜任力因企业和工作内容的不同而不同，但决定胜任力的共同点是，从经营理念、企业战略和经营目标向各级各层进行细化分解，并从指向这些目标达成的"当责"的角度出发，进行考量。

如果是与企业追求成果无关的能力，或者无法得到顾客支持的行为，那么还是克制为好。要判断什么是重要的和必要的，依据是企业的经营目标，在明确"当责"的前提下决定胜任力，这是非常关键的。

在这个意义上，星巴克的胜任力理念属实可靠。

后　记　新时代的到来

　　泡沫经济破灭后,我承接了一家连锁店的员工培训项目。当时,为了确认这家企业的方针政策,我与其社长(最高负责人)有过一番长谈。

　　我记得他是这样说的:"我们一直很重视连锁经营的基本理论。正因为如此,20世纪80年代我们成长得很快,也得到了今天的成就,但是经济泡沫破灭后的这十年真的很艰难。我们也尝试了追根溯源,重新开始,但是就结果而言,没能改变什么。今后我们会继续以连锁经营理论为基础进行店铺的管理和运营,但是只靠这些已经不够了。归根结底,商业竞争是店与店的较量。如果门店还是和以前一样,默默听从总部的要求,那么是无法生存下去的。从现在开始,我们必须培养能够主动思考和行动的店长。"他对于自主自律型人才培养的愿望十分强烈。

让我印象特别深刻的一点是,这位社长是个理论派的人,但他却敢于把理论放在一边,在店铺的运营中追求精神和心理上的积极和强大。

另一家餐饮连锁品牌的社长则是这样说的:"世界在变,我们如果不变,那就没有未来了。有的人放不下过去的荣耀,忘不了曾经的好日子,我们不需要那样的员工。这可不是一个轻松的时代,员工并不是只要工作时间足够长就能顺利升职加薪的,如果你想过得更幸福,那就必须要给自己定下更高的目标。而且每个人都应该有强烈的组织目标意识,在坚持自律的同时追求成果。为此我们需要改变,甚至是让自己焕然一新的巨大改变。"他认为,尤其要让员工意识到"变化程度",自己或自己的团队到底变了多少。

可见,如今的企业高层管理者不仅仅是注重当下时代的变化,而是展望未来,观察和推测巨大变化的到来并且及时行动。他们告诫自己不能陷在过去的思维中,也呼吁员工们积极参与到自我变革中来。

日本正在经历前所未有的结构性变化,包括人口萎缩、出生率下降和人口老龄化,以及家庭结构变化。同时,日本政府提出了"社会5.0"计划,旨在利用人工智能等尖端技术打造超智能社会,商业环境和消费者都被卷入了大变革的浪潮中。

虽然目前劳动力短缺依然是一个社会问题,但随着信息技术、人工智能技术和应用的快速发展,未来人们工作的方式将发生巨大变化。

野村综合研究所与牛津大学合作,对日本601种不同的职业进行了调查研究,得出的结论是:在不久的将来,日本可能会有49%的劳动力将被人工智能和机器人取代。

面对如此巨大的变化,劳动者必须认真思考自己应该做好哪些准备,而企业也必须转变思想观念和人力资源管理方式。

未来,由与企业价值观相同的人所构成的组织将变得更为重要。员工将不再被视为单纯的管理对象,而是成为同一战线上的伙伴。

这并不仅仅意味着推进授权赋能,建立一个自律型组织,更意味着一个管理层和员工"共同行使权力"的时代即将到来。

当然,在责任方面也是同样。也许有些人更适合做单纯的听从指令的工作,但如果你想要"共同行使权力",包括参与管理和改革,参与目标制定,那么这就意味着你也必须

后记

新时代的到来

"共同承担责任"。

随着工作方式的改革,劳动者的价值观越来越多元化,因此,组织的形式、对个人能力的要求以及行事的方式都会发生变化。

这种多元化会导致传统人力资源管理模式和人事制度难以与之匹配。

威士忌在木桶中熟化的过程中,由于木桶会"呼吸",每年约有2%的酒液自然蒸发。酿酒师把这个现象叫作"Angel's Share(分享给天使的一份)",也就是说,为了制造出美味的威士忌,这些酒被奉献给天使喝掉了。

对于人来说,分享的理念也是非常重要的。无论是在工作的执行上,还是在人力资源的开发上,都需要相互依存、相互补充的关系。

在这样的变化发展中,企业将不得不做出决定:应该将人力资源开发视为商业成本,还是竞争优势的源泉和有投资价值的对象呢?

如果把企业与员工的关系定位为权责共担、共同为公司的成功而奋斗的战略伙伴,那么,作为雇佣方的企业就比以往任何时候都更需要在人才培养方面进行投资。

而对于受雇者来说,当务之急是更加努力地磨炼自己的能力和胜任力，提高就业力（可雇性）。

　　未来，社会各个领域的等级差别都会比今天更加巨大。这对于有上进心、有能力的人来说，将是一个很好的机会，但如果没有目标，从不提高自己，那么你就可能面临一个残酷的现实。那将是一个劳资双方互相公平选择的时代。

毛利英昭